Mosaik
bei GOLDMANN

Buch

Die Auswahl von liebenswerten und klugen Geschichten bekannter und weniger bekannter Autoren muntert auf, macht Mut und wärmt das Innere wie ein gutes Hühnersüppchen. Kluge, weise, witzige und fröhliche Sprüche helfen dabei, die Herausforderungen des Lebens zu meistern.

Autoren

Jack Canfield ist Präsident der Foundation for Self Esteem im kalifornischen Culver City und veranstaltet Seminare zu persönlichem Wachstum.

Mark Victor Hansen ist Karriereberater. Seine Seminare und Vorträge befähigen die Zuhörer, ihre angeborenen Fähigkeiten im Berufs- und Privatleben optimal einzusetzen.

Von Jack Canfield und Mark Victor Hansen außerdem bei Goldmann:

Viel mehr Hühnersüppchen für die Seele (16747)
Hühnersüppchen für die Seele (16440)
Mehr Hühnersuppe für die Seele in Arbeit und Beruf (21639)
Hühnersuppe für die Seele für Frauen (21546)
Hühnersuppe für die Seele für Christen (21649)
Hühnersuppe für die Seele für Jugendliche (21590)
Hühnersuppe für die Seele für Mütter (21564)
Hühnersuppe für die Seele – Weitere Geschichten, die zu Herzen gehen (21638)
Hühnersuppe für die Seele für Tierfreunde (21563)
Hühnersuppe für die Seele für Kinder (21589)
Hühnersuppe für die Seele für Partner (21565)
Hühnersuppe für die Seele (13209)
Mehr Hühnersuppe für die Seele (21588)
Noch mehr Hühnersuppe für die Seele (13239)
Kompass für die Seele (16666)
Hühnersuppe für Körper & Seele (21715)
Das große Hühnersuppen-Lesebuch (21707)

JACK CANFIELD
MARK VICTOR HANSEN

Noch mehr Hühnersüppchen für die Seele

Aus dem Amerikanischen
von Burkhard Hickisch, Rita Höner,
Susanne Kahn-Ackermann, Peter Kobbe,
Gabriele Räbiger und Ulla Rahn-Huber

Mosaik
bei GOLDMANN

FSC
Mix
Produktgruppe aus vorbildlich
bewirtschafteten Wäldern und
anderen kontrollierten Herkünften

Zert.-Nr. SGS-COC-1940
www.fsc.org

Verlagsgruppe Random House FSC-DEU-0100
Das FSC-zertifizierte Papier *Munken Print* für Taschenbücher aus dem
Goldmann Verlag liefert Arctic Paper Munkedals AB, Schweden.

3. Auflage
Gekürzte Taschenbuchausgabe Mai 2004

Originalverlag: Health Communications Inc., Deerfield Beach, Florida, USA
Umschlaggestaltung: Design Team München
Umschlagfoto: Photonica/Nasuko
Zusammenstellung: Christine Stecher
Zeichnungen: Sabine Hüttenkofer
Satz: Barbara Rabus
Druck und Bindung: GGP Media GmbH, Pößneck
Schl · Herstellung: Ina Hochbach
Printed in Germany
ISBN 10: 3-442-16655-1
ISBN 13: 978-3-442-16655-8

www.goldmann-verlag.de

Inhalt

Du bist nicht allein

Heilende Berührungen

Man nehme Mut, Humor, Fantasie und die richtige Einstellung

Botschaften der Liebe

Zu seiner Wahrheit finden

Das Beste erwarten

Geben und reich werden

Du bist nicht allein

Gesegnet ist der Einfluss
einer wahren, liebenden menschlichen
Seele auf eine andere.
GEORGE ELIOT

Ein Freund ist ein Geschenk,
das du dir selbst machst.
ROBERT LOUIS STEVENSON

Ein Kind ist geboren

An einem Sonntag vor dem Erntedankfest berichtete mir Angus McDonnell, ein Mitglied meiner Gemeinde, von der Geburt seines Enkels, dem kleinen Angus Larry, und bat mich, das Kind zu taufen. Unser Kirchenausschuss sträubte sich, weil die Familie des Kindes in einem anderen Staat wohnte; die Kirche nimmt ihre Verpflichtung sehr ernst, jemanden, der getauft ist, zu fördern und zu unterstützen.

Aber Angus McDonnell setzte seinen Willen durch, und so wurde der kleine Angus Larry im Beisein seiner Eltern Larry und Sherry, seines Opas Angus und seiner Oma Minnie sowie vieler anderer Familienmitglieder getauft.

Unsere Gemeinde hat einen Taufbrauch. Der Pastor fragt: »Wer steht zu diesem Kind?«, und dann erhebt sich die ganze Großfamilie des oder der Kleinen und bleibt die Zeremonie über stehen. So stellte ich, mit Angus Larry in meinen Armen, die Frage, und prompt standen sämtliche Verwandten auf.

Nach dem Gottesdienst und dem allgemeinen Händeschütteln ging ich zurück in den Altarraum, um die Beleuchtung auszuschalten. Eine Frau mittleren Alters saß in der vordersten Bank. Sie war sehr verlegen und zögerte sehr lange, mich anzusprechen. Schließlich sagte sie, sie heiße Mildred Cory, und machte eine Bemerkung, wie wunderschön die Taufe gewesen sei. Nach einer langen

Pause fügte sie hinzu: »Meine Tochter Tina hat gerade ein Kind bekommen, und – also: Das Kind müsste doch getauft werden, oder?«

Ich meinte dazu, dass Tina und ihr Mann mich anrufen sollten und wir die Sache besprechen würden. Mildred zögerte nochmals; und dann sagte sie, wobei sie zum ersten Mal meinen Blick suchte und ihm standhielt: »Tina hat keinen Mann. Sie ist erst achtzehn, und sie wurde vor vier Jahren in dieser Kirche konfirmiert. Früher kam sie regelmäßig zur Kirche, aber dann fing sie an, sich mit diesem Jungen zu treffen, der von der Schule geflogen war …«

Jetzt purzelte die Geschichte ungehemmt heraus: »… und dann wurde sie schwanger und beschloss, das Kind zu behalten, und sie will es hier in ihrer eigenen Kirche taufen lassen, aber sie scheut sich, zu kommen und mit Ihnen zu reden, Reverend. Sie hat das Baby James genannt – Jimmy.«

Ich sagte, ich würde die Bitte dem Kirchenausschuss zur Genehmigung vortragen.

Als die Sache bei der nächsten Versammlung zur Sprache kam, legte ich dar, was jeder bereits wusste, dass Tina ein Kirchenmitglied und eine unverheiratete Mutter war, und dass ich nicht wusste, wer der Vater war. Sie wussten selbstverständlich alle, wer der Vater war – wir leben in einer Kleinstadt.

Ein paar Fragen wurden gestellt, so etwa die, ob wir sicher sein konnten oder nicht, dass Tina sich an ihre Verpflichtung halten würde, die sie einginge, indem sie ihr

Kind taufen ließ. Ich bemerkte, sie und der kleine Jimmy befänden sich schließlich hier direkt in der Stadt, wo wir ihnen beistehen könnten.

Das eigentliche Problem war das Bild, das wir alle im Kopf hatten: Tina. Teenagerschwächen und all das, was damit zusammenhing; der kleine Jimmy in ihren Armen; der Vater nicht mehr in der Gegend; Mildred Cory die Einzige, die aufstünde, wenn dann die Frage gestellt würde. Aber der Ausschuss genehmigte die Taufe. Sie wurde auf den letzten Adventssonntag festgesetzt.

Die Kirche war voll an diesem Tag, wie immer am Sonntag vor Weihnachten. Den Mittelgang entlang kam Tina, den einen Monat alten Jimmy auf den Armen, nervös, aber mit flottem Schritt; dabei lächelte sie nur mich an. Diese junge Mutter war so allein. Die beiden würden es schwer haben.

Ich las den Einleitungsteil der Taufliturgie und stellte dann, mich nach Mildred Cory umsehend, meine Frage: »Wer steht zu diesem Kind?« Ich nickte Mildred leicht zu, um sie zum Aufstehen zu bewegen. Langsam erhob sie sich, wobei sie nach links und rechts schaute, und dann erwiderte sie mein Lächeln.

Ich wandte meinen Blick wieder meinem Liturgiebuch zu und wollte gerade weitermachen, als ich eine Bewegung in den Bänken bemerkte.

Angus McDonnell war aufgestanden und Minnie neben ihm. Dann standen zwei weitere Gemeindeälteste auf. Dann erhob sich der Sonntagsschullehrer der sechsten

Klasse, dann ein junges Paar, und bald standen so, vor meinen ungläubigen Augen, sämtliche Kirchenbesucher aufrecht zu Jimmy.

Tina weinte. Mildred Cory hielt sich an der Bank fest, als ob sie auf dem Deck eines schwankenden Schiffes stünde, was, in gewisser Hinsicht, auch zutraf.

Die Lesung aus der Schrift umfasste an diesem Morgen folgende Verse aus dem ersten Brief des Johannes:

Seht, wie groß die Liebe ist, die der Vater uns geschenkt hat: Wir heißen Kinder Gottes, und wir sind es.
Niemand hat Gott je geschaut; wenn wir einander lieben, bleibt Gott in uns, und seine Liebe ist in uns vollendet …
Furcht gibt es in der Liebe nicht, sondern die vollkommene Liebe vertreibt die Furcht.

Bei dieser Taufe erwachten jene alten Worte zum Leben.

Reverend Michael Lindvall

Nicht auf der Speisekarte

Wofür leben wir, wenn nicht dafür, uns gegenseitig das Leben leichter zu machen.

George Eliot

Ich habe eine Arbeit, bei der ich oft unterwegs bin. Zu den Dingen, die mir an diesem Teil meines Jobs nicht gefallen, gehört die Tatsache, dass ich meistens allein essen muss. Ich fühle mich immer einsam, wenn ich andere reden und lachen höre, und manchmal komme ich mir vor, als säße ich nur da, um von jemandem »abgeholt« zu werden. Deshalb bestelle ich meine Mahlzeiten meistens auf das Zimmer, um diese Unannehmlichkeit zu vermeiden. Dennoch mag ich das nicht immer tun; früher oder später habe ich den Drang, woanders zu essen. Ich gehe dann in der Regel hinunter ins Hotelrestaurant, und zwar zu dem Zeitpunkt, wenn es gerade erst geöffnet hat und noch nicht viele Gäste da sind. Auf diese Weise fühle ich mich weniger unbehaglich.

Nachdem ich drei Abende hintereinander den Zimmerservice im Wyndham Hotel in Houston in Anspruch genommen hatte, brauchte ich dringend Tapetenwechsel. Obwohl das Restaurant erst um halb sieben öffnete, war ich bereits fünf Minuten vor halb dort. Der Oberkellner empfing mich am Eingang und machte eine Bemerkung über mein frühes Erscheinen. Ich erzählte ihm von meinem Unbehagen, allein in Restaurants zu speisen, woraufhin er mich nach hinten führte und an einem wunderschönen Tisch Platz nehmen ließ.

»Wissen Sie«, sagte er, »im Moment habe ich nichts Besseres zu tun, als auf Gäste zu warten, und die kommen gewöhnlich erst ab neunzehn Uhr. Hätten Sie also etwas dagegen, wenn ich mich eine Weile zu Ihnen setzen würde?«

Ich war hocherfreut! Er nahm Platz, und wir unterhielten uns zuerst über seine beruflichen Ziele und seine Hobbys. Danach erzählte er von der Herausforderung, ein Gleichgewicht zwischen der Arbeit im Restaurant und der Familie zu halten, und über die Schwierigkeit, abends, am Wochenende und an Feiertagen zu arbeiten. Er zeigte mir Fotos von seiner Frau und seinen Kindern – ja sogar ein Bild von seinem Hund! Nach fünfzehn Minuten erspähte er einige Gäste am Eingangstresen und entschuldigte sich. Ich sah, dass er kurz in die Küche ging, bevor er sich um seine Gäste kümmerte.

Als mein neuer Freund die angekommene Gruppe zu einem passenden Tisch führte, kam ein Kellner aus der Küche an meinen Tisch. »Mein Bereich ist heute weiter hinten, und ich bin mir sicher, dass dort so schnell noch niemand Platz nehmen wird«, sagte er. »Im Moment habe ich nichts zu tun. Kann ich mich einen Augenblick zu Ihnen setzen?« Wir führten ein wunderbares Gespräch, bis jemand in seinem Bereich Platz genommen hatte und er sich entschuldigen musste.

Es dauerte nicht lange, und ein Lehrling kam aus der Küche und setzte sich ein paar Minuten an meinen Tisch. Er sprach kaum Englisch, aber da ich Englisch als Fremdsprache unterrichtet hatte, unterhielten wir uns prächtig über seine Erfahrungen bei der Einwanderung nach Amerika. Er erzählte mir von all den Ausdrücken, die er in der Küche gelernt hatte, nachdem er frisch in diesem Bundesstaat angekommen war (Sie können sich vorstellen, welche!). Als das Restaurant voller wurde, verabschiedete auch er sich schließlich, um seine Arbeit zu tun. Aber bevor ich an diesem Abend ging, war selbst der Chef aus der Küche gekommen und hatte sich an meinen Tisch gesetzt!

Als ich um die Rechnung bat (ungefähr anderthalb Stunden später), wurde es still im Restaurant. Alle Menschen, die sich zu mir gesetzt hatten, kamen zusammen an meinen Tisch. Sie schenkten mir eine langstielige rote Rose und sagten: »Dies war der schönste Abend, den wir jemals in unserem Restaurant hatten.« Mir kamen die Tränen! Was als einsamer Abend begonnen hatte, endete als wunderschöne Erfahrung – für die Angestellten und für den Gast.

BARBARA GLANZ

Das Medikament

> Deswegen sage ich euch:
> sorgt euch nicht um euer Leben …
> Denn euer himmlischer Vater weiß,
> dass ihr das alles braucht.
>
> MATTHÄUS 6, 25

Im September des Jahres, in dem mein zweites Kind geboren wurde, zogen mein Mann und ich vom Land Richtung Großstadt um. Wir waren jung und hatten kein Geld, und darum mieteten wir einen Wohnwagen, den wir in den Wäldern unmittelbar vor den Toren der Stadt parkten. Früher als geplant war unser Sohn Steven da. Er kam einige Wochen vor dem errechneten Termin zur Welt und wog nicht einmal vier Pfund. Als Frühgeborenes bedurfte das Baby ganz besonderer, extrem teurer Pflege. Als uns so kurz nach dem Umzug auch noch eine horrende Krankenhausrechnung ins Haus flatterte, wusste ich kaum, wie wir das finanziell verkraften sollten. Doch ich war überzeugt: Mit Gottes Hilfe würden wir es schon irgendwie schaffen.

Unser neues Zuhause war winzig und lag in der absoluten Einöde, aber ich fühlte mich unendlich wohl darin. Das Laub der Bäume zeigte sich in seiner ganzen herbstlichen Farbenpracht, und unsere einzigen Nachbarn waren Eichhörnchen und Waschbären. Ich genoss selbst die langen Wege zum Einkaufen, obwohl ich bis zur Hauptstraße anderthalb, zur Telefonzelle noch einmal einen und zum Supermarkt einen weiteren Kilometer laufen musste. Hin und zurück waren das immerhin sieben Kilometer! Wenn ich meine Kleinen in den Kinderwagen packte, um Milch und Brot zu holen, war das für mich jedes Mal wie ein kleines Abenteuer, denn nie wusste ich, welchen Vögeln oder Tieren wir unterwegs begegnen würden.

Als ich eines Morgens Anfang Dezember aufwachte, war die Welt ringsum plötzlich wie verwandelt. Es hatte über Nacht geschneit, und die Wälder waren verzaubert. Alle Zäune waren unter Schneewehen begraben, und glitzernde Eiskristalle funkelten mir von den Zweigen der Bäume entgegen. Ich weckte schnell meine Kinder auf, um ihnen die Schönheit des Winters zu zeigen. Meine zweijährige Tochter Evelyn war sofort hellwach. Sie konnte kaum abwarten, bis ich sie angezogen hatte. Doch als ich meinen winzigen Sohn aus seinem Bettchen heben wollte, merkte ich, dass er vor Fieber glühte.

Der Schreck fuhr mir in die Glieder, denn mir wurde schlagartig bewusst, wie isoliert wir hier draußen eigentlich waren. Wir hatten kein Telefon, und das nächste Haus, von dem wir Hilfe erwarten konnten, war über drei Kilometer entfernt. Zu allem Übel führte der Waldweg, der zu uns herführte, auch noch über privates Gelände, sodass kein Schneepflug zu uns kam.

Es war schlichtweg unmöglich, zwei Kinder durch den hohen Schnee zu tragen. Wenn ich bloß einen Schlitten hätte, um sie zur Bushaltestelle zu ziehen! Wenn bloß mein Mann da wäre! Wenn bloß die Busse fahren würden – wenn, wenn, wenn ... Ich konnte den Säugling unmöglich zum Arzt bringen. Mir waren die Hände gebunden. Und ich spürte, wie mir die Angst den Magen zusammenschnürte.

Ich kniete nieder, um zu beten. »Gott im Himmel«, flehte ich. »Bitte, hilf mir. Ich habe solche Angst um mein Kind und weiß nicht, was ich tun soll.« Während ich noch auf eine Antwort wartete, dämmerte mir mit einem Mal die Erkenntnis, dass ich das Problem genau falsch herum betrachtete. Es ging nicht darum, das Kind zum Arzt zu bringen, sondern darum, sein Wissen und seine Arznei hierher zu schaffen. Ich brauchte bloß bei ihm anzurufen und ihn zu bitten, mir das richtige Medikament zu nennen. Allein der Gedanke ließ mich etwas ruhiger werden, und ich machte mich sogleich daran, mich für den weiten Weg zur Telefonzelle warm einzumummen. Gerade wollte ich mir die Stiefel anziehen, als es an der Türe klopfte. Wer mochte das bloß sein? Nur mein Mann wusste, dass wir hier draußen waren, und er war in der Stadt. Ich machte auf und staunte nicht schlecht, den Fahrer vor mir stehen zu sehen, der immer den Supermarkt mit Milch belieferte. Ich wusste nicht, wie er hieß, aber wir waren uns mehrfach über den Weg gelaufen und hatten im Vorbeigehen ab und zu ein paar Worte gewechselt. Lächelnd fragte er mich: »Na, brauchen Sie Milch?«

Es hatte mir die Sprache verschlagen. Ich nickte nur und öffnete die Tür ganz, um ihn einzulassen. »Ich hatte schon überlegt, ob ich heute überhaupt kommen soll; da draußen herrscht das reinste Chaos.« Er machte eine weit ausladende Geste, die alles umfasste – die Wälder, den Schnee, die Straße … »Aber Sie sind mir einfach nicht aus dem Kopf gegangen. Dauernd musste ich daran denken, wie Sie hier draußen mit zwei kleinen Kindern ausharren müssen – ohne einen Tropfen Milch! Und da habe ich beschlossen, den Supermarkt doch anzufahren. Und wo ich schon hier draußen war, habe ich mir gedacht, dass ich Ihnen gleich selbst eine Lieferung vorbeibringen kann. Obwohl ich zugeben muss, dass ich den Weg unterschätzt habe, wo doch so viel Schnee liegt. Die Fahrerei hat mich irgendwie geschafft. Sie haben doch nichts dagegen, wenn ich mich für einen Moment setze und mich ausruhe, bevor ich zurückfahre?«

Ich bot ihm einen Platz an und schenkte ihm eine Tasse Kaffee ein. Dann erzählte ich ihm von meinem Baby und sagte: »Ich weiß, dass Sie mir als Antwort auf meine Gebete geschickt wurden. Wenn Sie hier bei den Kindern bleiben, während ich zur Telefonzelle gehe, brauche ich mir keine Sorgen zu machen. Ich hatte Angst, die beiden ganz allein zu lassen, aber wenn Sie nicht vor der Tür gestanden hätten, wäre mir nichts anderes übrig geblieben.«

Einen Moment lang dachte er nach, dann nickte er: »Ich würde sie auch nicht hier allein lassen wollen. Am besten, Sie machen sich gleich auf den Weg.« Und lächelnd fuhr er fort: »Da bin ich aber froh, dass ich mit meinem Wagen eine Spur für Sie gezogen habe.«

Als ich die Tür hinter mir zuzog, hörte ich Evelyn ihre Lieblingsworte sagen: »Liest du mir was vor?«

Obwohl ich der Reifenspur folgen konnte, brauchte ich fast eine Stunde, bis ich an der Straße war. Dauernd rutschte ich aus, und mehrmals fiel ich hin. Als ich die Telefonzelle schließlich erreichte, war ich völlig erschöpft. Doch der Herr war mit mir, denn der Arzt war sofort am Apparat. Er erinnerte sich an mein Kind und erkannte sofort, wie ernst die Lage angesichts seiner ohnehin zarten Verfassung war. Durch fachkundiges Fragen fand er bald heraus, dass Steven an einer Mittelohrentzündung litt. Mit einem Antibiotikum, so versicherte er mir, ließe sich die Infektion schnell in den Griff bekommen.

»Aber er muss es so schnell wie möglich bekommen«, warnte er mich. »Morgen ist es zu spät.«

Er versprach mir, die Apotheke für mich anzurufen und das Medikament dort für mich zu bestellen. »Es ist neu auf dem Markt und ziemlich teuer, aber ich glaube, in dem Fall ist es notwendig«, erklärte er mir. Als er sich nach der nächstgelegenen Apotheke erkundigte, nannte ich ihm eine, die ich in einem Einkaufszentrum in einigen Kilometern Entfernung gesehen hatte. Dann fragte ich nach: »Und wie viel, glauben Sie, wird es kosten?«

Der Preis, den er mir nannte, war so horrend, dass es mir schier den Atem raubte. Ich brachte stammelnd ein Dankeschön heraus, bevor ich einhängte. *Woher soll ich nur so viel Geld nehmen?* So sehr ich mir auch den Kopf zermarterte, es fiel mir keine Antwort ein.

Ich kannte keine Menschenseele in der Stadt. Aus dem Telefonbuch suchte ich die Nummern verschiedener Wohltätigkeitsorganisationen heraus, doch wo ich auch anrief, überall erhielt ich die gleiche Auskunft: »Kommen Sie in unser Büro. Sie müssen ein Antragsformular ausfüllen. Erst wenn uns das vorliegt, können wir entscheiden, ob wir Ihnen einen Zuschuss geben können. Wenn Sie glauben, dass das zu lange dauert, dann bringen Sie Ihr Kind ins Distriktkrankenhaus.« Wo das sei? Natürlich am anderen Ende der Stadt!

Inzwischen hatte mich die nackte Panik ergriffen. Ich hatte nur noch eine Münze im Portemonnaie und wusste immer noch nicht, woher ich das Geld nehmen oder was ich sonst tun sollte.

Da auf einmal fiel mir ein, dass es doch noch eine Möglichkeit gab, ohne Geld an das Medikament heranzukommen: Ich musste warten, bis die Apotheke Geschäftsschluss hatte, die Tür aufbrechen und es stehlen. Was war schon Schlimmes dabei? Schließlich stand das Leben meines Kindes auf dem Spiel!

Ich hatte noch nie im Leben gestohlen. Ich wusste, dass Stehlen eine Sünde war, und dass Gott es uns ausdrücklich verboten hatte. Doch ich musste irgendwie an das Medikament herankommen, wenn mein Baby nicht sterben sollte. Gott würde es mir bestimmt verzeihen.

Und so betete ich: »Vater im Himmel, bitte führe mich. Ich will nicht stehlen, aber ich habe nichts unversucht gelassen und weiß mir keinen anderen Rat mehr.«

In diesem Augenblick hörte ich eine Stimme zu mir sprechen – so ruhig und deutlich, als stünde da jemand neben mir. Sie sagte: »Vielleicht schenken sie es dir ja …«

Es mir schenken?! Der Gedanke war so lächerlich, dass ich fast laut aufgelacht hätte. Doch ich sagte nur: »Ja, Herr, ich werde sie fragen.«

Nicht eine Minute lang glaubte ich daran, dass die Mitarbeiter einer großen Apotheke ausgerechnet mir – einer völlig fremden Person – ein so teures Medikament umsonst mitgeben würden. Aber bevor ich nicht gefragt hatte, konnte ich nicht guten Gewissens behaupten, dass ich alles versucht hätte.

Ich opferte also meine letzte Münze, rief in der Apotheke an und erkundigte mich, ob mein Arzt bereits angerufen und das Medikament bestellt habe. Der Mann am anderen Ende der Leitung bejahte meine Frage. Die Arznei liege zum Abholen bereit. Ich holte also tief Luft und stellte mich innerlich auf eine Ablehnung ein.

»Sie kennen mich nicht«, fing ich an. »Aber ich wohne ein paar Kilometer entfernt in einem Wohnwagen an der Sovereign Road. Ich habe kein Geld, aber mein Kind ist schwer krank. Könnten Sie mir das Medikament so geben? Ich würde es Ihnen bezahlen, sobald ich kann.«

»Kein Problem«, erwiderte der Apotheker. »Wollen Sie es abholen oder sollen wir es Ihnen vorbeibringen?«

»Sie können es vorbeibringen?«, fragte ich ungläubig.

»Ja«, gab er zurück. »Wir haben hier einen Mitarbeiter, der heute mit dem Jeep zur Arbeit kam. Er hat Vierradantrieb. Ich habe mich schon gefragt, warum er mit dem Wagen gekommen ist, aber jetzt ist es mir klar!«

»Gott sei Dank!«, rief ich.

»Ja«, stimmte der Apotheker zu. »Wir helfen gern, wenn es geht.« Nachdem ich mich bedankt und den Hörer aufgelegt hatte, stand ich da, bis zu den Hüften in Schnee eingesunken, staunend und ehrfürchtig, und pries den Herrn im Himmel. Mir war gerade das zuteil geworden, was man einen Akt der »wundersamen Gnade« nennt.

Dies war das erste Mal, dass mir das Wirken Gottes in meinem Leben bewusst wurde – doch wahrlich nicht das letzte Mal. Mein Weg ist nicht immer einfach gewesen, doch wann immer ich an einem Punkt anlangte, an dem es nicht mehr weiterzugehen schien, tauchte irgendeiner auf, um mir über die höchsten Hindernisse hinwegzuhelfen. Wer diese Menschen waren, wusste ich nicht immer. Aber wer sie geschickt hatte, das war mir stets klar.

JEANNE MORRIS

Doktola

> Der … Hund ist der engste Freund im Leben. Er kommt als Erster, um dich zu begrüßen, und kämpft in vorderster Reihe, um dich zu beschützen.
>
> Lord Byron

Ich beendete meine Ausbildung zum Tierarzt im Juni 1984 und saß schon im nächsten Monat in einem Flugzeug und flog tief ins Herz von Afrika, um dort im August meinen Posten als Tierarzt des Thyolodistrikts aufzunehmen. Mein Leben als Freiwilliger der Friedenstruppe verlief im Zeitraffertempo.

Meine Aufgabe bestand darin, in Malawi die tierärztliche Versorgung in den Distrikten Thyolo und Mulanji sicherzustellen und Programme zur Kontrolle von Krankheiten zu überwachen. Meine Ausrüstung bestand aus einem Wandschrank, gefüllt mit uralten Medikamenten, und einem hundert Kubikzentimeter starken Motorrad. Ich hatte die Aufsicht über dreiundzwanzig tierärztliche Helfer, die weit verstreut in den beiden Distrikten wohnten, und war im gesamten Gebiet für die Gesundheit der Haus- und Hoftiere zuständig.

Einen Monat, nachdem ich die neue Stelle angetreten hatte, kehrte ich eines Abends nach Sonnenuntergang in mein Büro zurück und wurde dort schon von einem älteren Herrn erwartet. Er saß auf dem Stuhl, der immer draußen vor meiner Bürotür stand. Auf seinem Schoß befand sich ein Karton voller Welpen. Ich erwiderte den Gruß und führte ihn in mein Büro. Wir unterhielten uns im örtlichen Dialekt Chichewa.

Der ältere Herr war Dr. Mzimba, ein bekannter Medizinmann des Distrikts. In Afrika ist der Medizinmann für seine Leute sowohl ein spiritueller Führer als auch ein Weiser und Heiler. Ich schätzte sein Alter auf ungefähr sechzig, konnte mich aber gut um zwanzig Jahre nach oben oder unten täuschen.

Um zu mir zu gelangen, war er zwei Stunden bis zur nächsten Bushaltestelle gelaufen, um dann mit dem Bus sechs Stunden bis zu meinem Büro zu fahren. Er war morgens früh um fünf Uhr losgefahren und hatte bei mir seit seiner Ankunft um sechzehn Uhr gewartet. Inzwischen war es neunzehn Uhr, und Dr. Mzimba erklärte mir, dass er nicht viel für die kranken Welpen tun könne, weil seine Medizin nur bei Menschen wirke. Die kleinen Hunde lagen ihm sehr am Herzen, und er hatte »gesehen«, dass einige von ihnen dazu auserkoren waren, große Dinge zu vollbringen. Er bat mich, alles für sie zu tun, was in meiner Macht stand.

Die sechs Welpen waren sehr krank. Ich erklärte ihm, dass eine Behandlung über mehrere Tage nötig sei, um die Tiere zu retten. Er war damit einverstanden, sie bei mir zu lassen, und meinte, er würde zurückkommen und sie wieder abholen, wenn er fühlte, dass die Zeit reif dafür sei. Mit diesen Worten verschwand er in die Dunkelheit.

Die Welpen benötigten eine Betreuung rund um die Uhr und begleiteten mich überallhin. Selbst zubereitete elektrolytische Lösungen und Antibiotika waren das Einzige, was ich an Medikamenten für sie hatte. Obwohl ich alles tat, um sie zu retten, starb ein Welpe nach dem anderen langsam dahin. In der sechsten Nacht legte ich mich mit den verbliebenen zwei Hunden zum Schlafen nieder. Ich ging davon aus, dass es diesen beiden genauso ergehen würde wie den anderen. Sie zeigten keine Anzeichen einer Besserung, und ich war mir sicher, dass sie keinen weiteren Tag überstehen würden.

So war ich dann hoch erfreut, als ich am nächsten Morgen von zwei fröhlichen und lebhaften Hunden geweckt wurde. Sie sahen zwar aus wie Skelette, aber immerhin waren es lebendige und wachsame Skelette. Ihr Appetit war gewaltig. Häufige kleine Mahlzeiten wurden zu häufigen großen, und es dauerte nicht lange, bis die Skelette wieder von Fleisch und Muskeln umhüllt waren.

Nach neun weiteren Tagen in meiner Obhut fragte ich mich, ob Dr. Mzimba jemals wieder auftauchen würde, um sie abzuholen. Aber genau am zehnten Tag ihrer Genesung war Dr. Mzimba wieder da. Er war überglücklich, dass zwei der Welpen überlebt hatten und sich normal entwickelten. Der eine Hund war schwarz mit vier weißen Pfoten und einem großen weißen Stern auf der Brust. Der andere war braun und hatte einen großen weißen Fleck auf der rechten Gesichtshälfte. Beide hatten einen muskulösen Rücken.

Ich sah zu, wie die jungen Hunde das Gesicht des alten Mannes zur Begrüßung ableckten, während er sie liebevoll streichelte und umarmte. Nach einer Weile kramte er Münzen und ein paar zerknitterte Geldscheine hervor und fragte mich, was er mir schulde. Ich berechnete ihm den Einheitspreis für eine Behandlung – insgesamt 3,50 Dollar. Erleichtert bezahlte er die Rechnung und übertrug mir die ehrenvolle Aufgabe, den beiden Welpen zum Abschied einen Namen zu geben. Ich musste lange nachdenken und wählte schließlich »Bozo« für den schwarzen und »Skippy« für den braunen Hund. Ich erzählte Dr. Mzimba, dass ich selbst Hunde mit diesen Namen gehabt hatte, und dass sie meine besten Freunde gewesen waren.

»Kommen Sie nur oft, um mich zu besuchen, Doktola«, sagte er. »Für diese beiden Hunde sind Sie jetzt Vater und Mutter. Sie werden nie vergessen, was Sie für sie getan haben, und werden sich eines Tages dafür revanchieren.« Dr. Mzimba und ich gaben einander die Hand und verabschiedeten uns.

In den folgenden achtzehn Monaten sah ich Dr. Mzimba, Bozo und Skippy mindestens einmal im Monat. Alle drei bis vier Wochen machte ich eine dreitägige Rundreise im Thyolodistrikt, um nach dem Rechten zu sehen und dort behilflich zu sein, wo ich als Tierarzt gebraucht wurde. Am Ende jeder Rundreise machte ich Halt im Dorf von Dr. Mzimba. Er lud mich dann immer zu sich ins Haus ein, und ich genoss seine großzügige Gastfreundschaft.

Auf diese Weise sah ich Bozo und Skippy zu prächtigen

Hunden heranwachsen. Sie hatten beide ein Gewicht von etwa achtzig Pfund und waren doppelt so groß wie die anderen Hunde im Dorf. Dr. Mzimba waren sie treu ergeben. Ich impfte und entwurmte sie regelmäßig und behandelte ihre Wunden und Verletzungen. Wenn ich Dr. Mzimba und seine Hunde besuchte, hatte ich immer das Gefühl, zu meiner Familie zu kommen. Sobald Bozo und Skippy mich sahen, verwandelten sie sich in verspielte Welpen.

Die Hunde genossen bei den Leuten im Dorf hohes Ansehen. Bei jedem Besuch hörte ich eine neue Geschichte, wie sie zum Beispiel einen Viehdieb vertrieben oder das Dorf gegen herumstreunende Hyänen und Schakale verteidigt hatten.

Einmal hatten die Hunde sogar einen Leoparden getötet. Im Kampf mit dem Raubtier waren beide schwer verwundet worden. Ihre Körper waren übersät mit Bisswunden, und sie hatten viel Blut verloren. Ich war die ganze Nacht beschäftigt, um all ihre Wunden zu nähen. Am anderen Morgen war ich überrascht, dass die Hunde schon wieder auf den Beinen waren und sogar ein kleines Frühstück annahmen.

Als ich zum Abschied meine Sachen aufs Motorrad packte, erteilte ich Dr. Mzimba noch ein paar Instruktionen zur Nachsorge und gab ihm Antibiotika zur weiteren Behandlung. Er dankte mir überschwänglich und umarmte mich mit Tränen in den Augen.

»Sie haben ihnen nun zum zweiten Mal das Leben gerettet. Von nun an sind die beiden Hunde Ihre Beschützer. Ich habe es gesehen!«

Fünf Monate später war ich während meiner dreitägigen Rundreise wieder in der Gegend. Ich war auf dem Weg zu Dr. Mzimbas Dorf und kam nur mühsam vorwärts. Heftige Regenfälle hatten die staubigen Straßen in regelrechte Schlammflüsse verwandelt. In den letzten vierzig Minuten war ich viermal gestürzt und hatte alle Hände voll zu tun, den Hügel zu Dr. Mzimbas Dorf hochzukommen. Es nieselte, und ich war durchnässt und verschmutzt. Mir war kalt, und ich hatte schlechte Laune, als ich versuchte, mein Motorrad in der glitschigen Fahrspur zu halten.

Dann musste ich plötzlich anhalten. Vor mir im Licht des Scheinwerfers stand eine Hyäne und versperrte mir den Weg. Sie kam langsam auf mich zu und schien weder vor dem Licht noch vor dem laufenden Motor Angst zu haben. Ich betätigte die Hupe, aber nichts passierte. Die Hyäne näherte sich mir weiterhin, langsam und zielstrebig. »Seltsam«, dachte ich. Bislang waren Hyänen immer schon beim ersten Blickkontakt ängstlich davongelaufen. Jetzt aber sah ich Blut und Speichel aus dem Maul der Hyäne tropfen. Als ich dann noch ihren starren Blick sah, schoss es mir blitzartig durch den Kopf: Tollwut!

Während die Hyäne auf mich zukam, wich ich langsam zurück und versuchte, auf Distanz zu bleiben. Der Schlamm war zu tief und zu glitschig, um weit darin laufen zu können, und die Fahrspur war zu eng für ein Wendemanöver.

Ich hatte nur die Möglichkeit wegzulaufen und konnte lediglich hoffen, dass die Hyäne nicht mich, sondern das Motorrad angriff. Obwohl ich versuchte, mir das Raubtier vom Leib zu halten, gelang es mir nicht, mich schnell genug zurückzuziehen. Die Hyäne hatte mich fast erreicht. Als sie mit ihren mächtigen Kiefern in die Luft schnappte, hörte es sich an wie ein teuflisches Lachen. Ich wollte gerade losrennen, da tauchten plötzlich Bozo und Skippy auf und sprangen zwischen mir und der Hyäne auf den Weg. Ihre Muskeln waren angespannt, und ihr Nackenfell stand kerzengerade. Sie fletschten ihre Zähne und ließen die Hyäne keinen Schritt näher kommen.

Der anschließende Kampf war hart und blutig. Die Hunde gaben keinen einzigen Ton von sich, sondern kämpften mit einer Schnelligkeit und Ausdauer, die ich niemals für möglich gehalten hätte. Der Kampf auf Leben und Tod fand direkt im Scheinwerfer meines Motorrads statt. Als er vorüber war, lag die Hyäne tot auf dem Boden, und die Hunde waren verschwunden. Ich rief immer wieder nach ihnen, aber sie kamen nicht zurück.

Ich fuhr so schnell ich konnte zu Dr. Mzimbas Haus. Als ich den schmalen Weg entlangschlitterte und stolperte, dachte ich an die bevorstehende Verarztung der Hunde: Nähen, Antibiotika, Tollwutspritze, Tinkturen und Schockbehandlung. Ich schuldete diesen wundervollen Hunden alles. Ich musste sie finden und ihnen danken, denn sie mussten leben, und alles andere spielte jetzt keine Rolle.

Als ich bei Dr. Mzimba ankam, wartete er bereits seelenruhig in einem Stuhl auf der Veranda vor seiner Hütte. Ich lief auf ihn zu und berichtete ihm in einer Mischung aus Chichewa und Englisch, was geschehen war. Ich war sehr aufgeregt und außer Atem, und daher war ich nicht sicher, ob meine Worte für ihn überhaupt einen Sinn machten. Aber er schien mich zu verstehen.

»Kommen Sie mit mir, ich zeige Ihnen, wo die Hunde sind«, sagte er und gab mir ein Zeichen, ihm zu folgen.

Ich ergriff meine Medizintaschen und folgte ihm hinter seine Hütte. Er blieb stehen und zeigte auf zwei Gräber.

»Bozo und Skippy schlafen dort. Vor drei Tagen kam ein Rudel Hyänen aus den Bergen und griff unser Vieh an. Bozo und Skippy kämpften wie zehn Hunde, vertrieben die Hyänen und retteten unser Vieh. Aber es war zu viel für sie gewesen, Doktola«, sagte er, während Tränen an seinen Wangen hinunterliefen. »Sie starben beide kurz nach dem Kampf. Es blieb keine Zeit, um nach Ihnen zu schicken.«

Ich schüttelte den Kopf.

»Nein! Das kann nicht sein! Sie haben mir gerade vor fünfzehn Minuten das Leben gerettet. Ich weiß, dass sie es waren. Ich habe sie gesehen und erkannt.«

Ich fiel auf die Knie und schaute hoch in den schwarzen Himmel. Der strömende Nieselregen vermischte sich mit meinen eigenen Tränen.

»Es gibt keine anderen Hunde weit und breit, die so aussehen wie Bozo und Skippy. Es konnten nur sie gewesen sein!«, sagte ich und schluchzte hemmungslos.

»Ich glaube Ihnen, Doktola«, sagte der weise Afrikaner und kniete sich neben mich. »Ich habe Ihnen gesagt, dass die Hunde Ihnen eines Tages den gleichen Dienst erweisen werden, den Sie ihnen erwiesen haben. Sie werden Sie immer beschützen!«

Dr. med. vet. Herbert J. (Reb) Rebhan

Heilende Berührungen

Wo die Liebe regiert,
kann das Unmögliche erreicht werden.
INDIANISCHES SPRICHWORT

Große Gelegenheiten, anderen
zu helfen, kommen nicht oft, aber die kleinen
begegnen uns jeden Tag.
SALLY KOCH

Der blinde junge Mann

> Wachstum bedeutet Veränderung, und Veränderung beinhaltet Risiken – der Schritt vom Bekannten ins Unbekannte.
>
> GEORGE SHINN

Busse, Züge, Flugzeuge und Flughäfen sind ein sicherer Ort für Fremde, um sich intime Geschichten zu erzählen, weil sie wissen, dass sie einander wahrscheinlich nie wieder sehen werden. So war es auch im Frühjahr 1983 auf dem New Yorker Flughafen La Guardia. Ich wartete auf meinen Flug, als ein großer, kräftig gebauter und gepflegt gekleideter Mann sich in seiner Anonymität sicher genug fühlte, um sich neben mich zu setzen und mir die folgende Geschichte zu erzählen:

»Ich war gerade dabei, mein Büro in Manhattan für den Feierabend aufzuräumen. Meine Sekretärin war schon vor einer halben Stunde gegangen, und ich hatte eben meine Sachen geordnet, als das Telefon klingelte. Es war Ruth, meine Sekretärin. Sie war ganz aufgeregt. ›Ich habe einen wichtigen Umschlag auf meinem Schreibtisch liegen lassen. Er muss sofort zum Blindeninstitut gebracht werden. Es ist nur wenige Häuserblocks entfernt. Wären Sie so nett, ihn dort vorbeizubringen?‹

›Da haben Sie Glück, dass Sie mich noch erwischen, ich wollte gerade das Büro verlassen. Ja, ich kann Ihren Umschlag gerne dort vorbeibringen.‹

Als ich im Blindeninstitut eintraf, kam mir ein Mann entgegen. ›Gott sei Dank sind Sie da. Wir müssen sofort anfangen.‹ Er bot mir einen freien Stuhl an und bat mich, Platz zu nehmen. Bevor ich auch nur ein Wort sagen konnte, saß ich in einer Reihe von Menschen, die alle sehen konnten. Uns gegenüber saßen blinde Männer und Frauen. Ein junger Mann, ungefähr fünfundzwanzig Jahre alt, stand an einem Ende des Raums und gab Anweisungen.

›Ich werde jetzt gleich diejenigen von Ihnen, die nicht sehen können, bitten, die Person, die Ihnen gegenübersitzt, kennen zu lernen. Nehmen Sie sich ruhig genügend Zeit, um die Gesichtszüge, die Frisur, die körperliche Statur, die Atemfrequenz und so weiter zu studieren. Wenn ich ein Zeichen gebe, werden Sie Ihren Arm ausstrecken und den Kopf der Person berühren, die Beschaffenheit ihres Haares fühlen und feststellen, ob es lockig ist oder glatt, dick oder dünn. Stellen Sie sich vor, welche Farbe es hat. Berühren Sie dann mit den Fingerspitzen die Stirn. Fühlen Sie die Beschaffenheit der Haut. Benutzen Sie beide Hände, um die Augenbrauen zu erkunden, dann die Augen, die Nase, die Wangen, die Lippen, das Kinn und den Nacken. Hören Sie, wie die Person atmet. Ist der Atem ruhig oder schnell? Können Sie den Herzschlag hören? Schlägt das Herz schnell oder langsam? Lassen Sie sich ruhig Zeit. Bitte fangen Sie jetzt an.‹

Ich bekam auf einmal panische Angst und wollte sofort weg. Niemand darf mich anfassen ohne meine ausdrückliche Erlaubnis, schon gar nicht ein Mann. Mein Gegenüber fing an, mein Haar zu berühren. Mein Gott, wie unwohl ich mich fühlte! Nun berührten seine Hände mein Gesicht, ich fing an zu schwitzen. Er würde gleich meinen Herzschlag hören und merken, dass ich in Panik war. Ich musste mich beruhigen, durfte mir nicht anmerken lassen, dass ich mich nicht mehr unter Kontrolle hatte. Als die Übung vorbei war, atmete ich erleichtert aus.

›Und nun‹, fuhr der junge Mann fort, ›haben auch die Sehenden die Möglichkeit, die Person zu ertasten, die ihnen gegenüber sitzt. Schließen Sie die Augen, und stellen Sie sich vor, dass Sie diese Person noch nie in Ihrem Leben gesehen haben. Was würden Sie über diese Person erfahren wollen? Wer ist sie? Was sind ihre Gedanken? Welche Träume mag sie haben? Strecken Sie Ihren Arm aus, und berühren Sie den Kopf Ihres Gegenübers. Fühlen Sie die Beschaffenheit des Haares. Welche Farbe mag das Haar wohl haben?‹

Seine Stimme verhallte im Hintergrund. Bevor ich realisierte, was ich tat, lag meine Hand auf dem Gesicht des jungen Mannes, der mir gegenübersaß. Sein Haar war trocken und dicht. Mir fiel die Farbe seines Haares nicht mehr ein. Verdammt, ich konnte mich nie an die Haarfarbe von irgendjemandem erinnern.

Im rechten Licht betrachtet, schaute ich niemals irgendeinen Menschen wirklich an. Ich sagte Menschen immer nur, was sie tun sollten. Ansonsten konnte ich auf ihre Anwesenheit gut verzichten. Ich habe mich niemals wirklich um sie geschert. Mein Beruf war wichtig, und mich interessierten eigentlich nur die Geschäfte, die ich machte. Andere Menschen zu berühren, zu fühlen und kennen zu lernen war nicht mein Ding und würde es auch bestimmt niemals sein.

Ich fuhr unterdessen damit fort, die Augenbrauen, die Nase, die Wangen und die Haut des jungen Mannes zu fühlen. Ich merkte, dass ich innerlich weinte. Da war ein Gefühl der Zärtlichkeit in meinem Herzen, das ich bislang nicht gekannt hatte, eine Verletzlichkeit, die ich weder mir selbst noch einem anderen Menschen jemals offenbart hatte. Ich spürte sie und hatte Angst. Mir war klar, dass ich hier nicht lange bleiben konnte. Gleich würde ich weggehen und nie mehr zurückkommen.

Träume? Hat dieser junge Mann vor mir Träume? Was gehen sie mich an? Er bedeutet mir nichts. Ich habe zwei Kinder im Teenager-Alter und kenne noch nicht einmal ihre Träume. Außerdem haben sie nur Autos, Sport und Mädchen im Kopf. Wir reden nicht viel miteinander, und ich glaube nicht, dass sie mich sonderlich mögen. Ich weiß nicht, ob ich sie überhaupt verstehe. Meine Frau? Nun, sie macht ihr Ding, und ich mache meins.

Ich schwitzte, und mein Atem ging schwer. Der Übungsleiter bat uns, zum Ende zu kommen. Ich nahm meine Hand herunter und setzte mich zurück. ›Nun kommen wir zum letzten Teil der Übung‹, hörte ich ihn sagen. ›Sie haben jetzt drei Minuten Zeit, um sich mit Ihrem Gegenüber über Ihre Erfahrung beim Versuch, den anderen kennen zu lernen, auszutauschen. Teilen Sie Ihrem Partner mit, was Sie denken und fühlen. Erzählen Sie, was Sie von ihm oder ihr gelernt haben. Die blinde Person fängt bitte an.‹

Der Name meines Übungspartners war Henry. Zuerst erzählte er mir, dass er schon dachte, keinen Partner für den Abend zu haben, und wie froh er sei, dass ich es noch rechtzeitig geschafft habe. Er meinte, er habe fühlen können, dass ich wirklich den Mut besitze, meine Gefühle und Emotionen offen zu legen. ›Ich war beeindruckt‹, sagte er, ›dass Sie die Anleitungen ausführten, obwohl Sie einen ziemlichen Widerwillen dagegen hatten. Ihr Herz ist sehr groß, aber auch sehr einsam. Sie möchten mehr Liebe in Ihrem Leben, wissen aber nicht, wie Sie darum bitten können. Ich bewundere Ihre Bereitschaft, die Seite in sich zu entdecken, die sich nach einer Veränderung sehnt. Ich weiß, dass Sie am liebsten aus dem Raum gerannt wären, aber Sie haben es nicht getan, sondern sind geblieben. Ich habe mich beim ersten Mal auch so gefühlt. Inzwischen habe ich aber keine Angst mehr vor dem, der ich wirklich bin. Es ist okay für mich zu weinen, Angst zu haben, Panik zu kriegen, wegrennen zu wollen, sich von anderen abzukapseln, sich in die Arbeit zu verkriechen. Das sind alles ganz normale Empfindungen, und ich lerne sie immer mehr zu akzeptieren und zu schätzen. Vielleicht haben Sie ja Lust, öfter hierher zu kommen und herauszufinden, wer Sie wirklich sind.‹

Ich schaute dem jungen, blinden Henry in die Augen und begann zu schluchzen. Ich brachte sonst keinen Ton heraus, es gab auch nichts zu sagen. Ich war noch nie in meinem ganzen Leben an solch einem Ort gewesen. Ich hatte niemals zuvor solch eine bedingungslose Liebe und Weisheit erfahren. Die einzigen Worte, die ich meiner Erinnerung nach zu Henry sagte, waren: ›Ihr Haar ist braun, und Ihre Augen strahlen.‹ Er war wahrscheinlich die erste Person in meinem Leben, deren Augen ich niemals vergessen werde. Ich war der Blinde, und Henry hatte die Vision zu sehen, wer er war.

Die Übung war zu Ende, und alle Anwesenden erhoben sich. Ich zog den Umschlag aus meiner Tasche und überreichte ihn dem Übungsleiter. ›Meine Sekretärin wollte ihn eigentlich schon früher vorbeibringen. Bitte entschuldigen Sie, dass ich Ihnen den Umschlag erst jetzt geben kann.‹

Der junge Mann nahm den Umschlag und lächelte. ›Es war mein erster Übungsabend dieser Art. Ich habe auf die Unterlagen gewartet, um zu wissen, was ich tun sollte. Als Sie nicht rechtzeitig kamen, musste ich eben auf meinen inneren Souffleur hören. Ich habe gar nicht bemerkt, dass Sie nicht einer der regulären Freiwilligen waren. Entschuldigen Sie bitte alle Unannehmlichkeiten.‹

Ich habe niemandem davon erzählt, nicht einmal meiner Sekretärin, dass ich jetzt an zwei Abenden in der Woche ins Blindeninstitut gehe. Ich kann es nicht in Worte fassen, aber es fühlt sich so an, als ob ich anfangen würde, Liebe für andere Menschen zu empfinden. Bitte erzählen Sie niemandem in der Wall Street, was ich eben zu Ihnen gesagt habe. Wissen Sie, dies ist eine Welt, in der der eine den anderen frisst, und ich möchte gern die Kontrolle behalten. Aber will ich das wirklich? Es scheint, als wären mir meine Antworten abhanden gekommen.

Ich weiß, dass ich noch viel lernen muss, wenn ich will, dass mich meine Söhne respektieren. Es ist schon komisch, früher hätte ich so etwas nie gesagt. Es war klar, dass Kinder ihre Eltern respektieren müssen, zumindest hat man mir das so beigebracht. Vielleicht aber müssen beide Seiten etwas tun, und wir können gemeinsam lernen, uns gegenseitig zu respektieren. Als Erstes habe ich angefangen, mich selbst anzunehmen und zu lieben.«

HELICE BRIDGES

Rote Götterspeise in der Morgendämmerung

Eine Familie sein bedeutet, Unzulänglichkeiten, Unvollkommenheiten und Gefühle miteinander zu teilen und sich trotzdem zu lieben. Aber selbst wenn Sie lieben wollen, kann es sein, dass Sie nicht immer ein liebenswerter Mensch sind. Und wenn Sie nicht vollkommen sind, wird es wichtig, sich und anderen zu verzeihen. Dann stehen Sie am nächsten Tag auf und fangen noch einmal von vorn an. Es ist ein Prozess, wie wenn eine Knospe sich öffnet. Es ist ein Wachsen, ein Blühen und Gedeihen.

BERNIE SIEGEL

Als mein jüngstes Kind, Andrew, elf Jahre alt war, fragte er, ob wir zur Erinnerung an den zweiten Todestag seines Vaters eine Zeremonie am See abhalten könnten. Ich wusste nicht, was ich davon halten sollte. Er wollte nicht nur, dass wir uns schweigend den Sonnenaufgang vom Ufer des Michigan-Sees aus ansahen; er bestand auch darauf, dass wir, während wir dort im Sand saßen, rote Kirschgötterspeise mit Bananen aßen.

»Götterspeise? Um sechs Uhr morgens?«, fragte ich ungläubig.

»Mama, rote Götterspeise mit Bananen hat Papa immer am liebsten gegessen, wenn er zwischendurch Hunger hatte. Wir haben sie immer zusammen gemacht, wenn ich ihn am Wochenende besucht habe.«

Ich war immer noch verletzt, weil Harold in den letzten zwei Monaten unserer einverständlichen einjährigen Trennung die Scheidung eingereicht hatte, ohne sich um eine Eheberatung zu bemühen. Besonders verletzt war ich, weil Harold an dem Tag, an dem unsere Scheidung rechtskräftig war, wieder heiratete. Als er zwei Jahre später starb, half ich Andrew durch den Trauerprozess und versuchte, meine eigenen Gefühle zu ignorieren. Und jetzt musste das alles wieder hervorgezerrt werden?

»Andrew, es soll morgen ziemlich kalt werden. Könntest du nicht einfach zu Hause an deinen Papa denken?«

»Mama, bitte, es geht schon. Ich will einfach dort im Sand sitzen und die Götterspeise essen und an Papa denken. Wir können uns warm anziehen und eine Decke mitnehmen.«

Ich dachte, ich hätte Andrew gut geholfen, mit dem Tod seines Vaters zurechtzukommen, denn in den letzten zwei Jahren hatte ich versucht, der beste Elternteil zu sein, den ein Kind haben konnte. Aber diese frühmorgendliche Zeremonie am Strand beunruhigte mich. Während er auf meine Antwort wartete, zeigte mir der flehentliche Ausdruck in seinem Gesicht, wie wichtig ihm die Idee war.

»Also gut, Andrew«, meinte ich widerstrebend. »Wir müssen um Viertel nach fünf aufstehen, wenn du da sein willst, solange es noch dunkel ist.«

»Kein Problem, Mama! Ich stelle den Wecker. Meinst du, Wayne würde mitkommen, wenn ich ihn bitte?«

Ich fragte mich, was Wayne, der Mann, mit dem ich seit ein paar Monaten fest befreundet war, von Andrews Plan halten würde. Waynes Frau war nur zwei Monate nach Harold gestorben, und ich wusste, dass Wayne immer noch mit seinem Kummer kämpfte. Ich wusste nicht, ob es fair wäre, ihn zu Andrews merkwürdiger Strandzeremonie mitzuschleppen.

Nachmittags kam Wayne vorbei, als ich gerade die rote Götterspeise anrührte. Andrew ließ seinen Plan vom Stapel.

»Also, Wayne, willst du mit? Der Sonnenaufgang wird gigantisch!«

»Na klar, Andrew, ich bin froh, dass du mich gefragt hast.«

Ich warf Wayne einen Blick zu, der besagte: Bist du da ganz sicher? Dann sagte ich: »Ist dir klar, dass es morgen früh sieben Grad minus sein werden? Und wegen dem Wind vom See werden sie sich wahrscheinlich wie minus siebzehn anfühlen!«

Wayne lächelte: »Es wird also ein richtiges Abenteuer werden.«

Als Wayne am nächsten Morgen vor unserem Haus hielt, begrüßten Andrew und ich ihn in voller Wintermontur. Über unseren Jogginganzügen trugen wir dicke Wintermäntel, und außerdem Mützen und Fäustlinge. Unter der Mütze hatte ich Ohrenschützer.

Ich warf eine alte grüne Tagesdecke in Waynes Lieferwagen und holte dann die Götterspeise aus dem Kühlschrank.

Ein paar Minuten später kamen wir bei pechschwarzer

Finsternis am Grant-Park-Strand in Südmilwaukee an. Wir waren die einzigen Menschen weit und breit. Natürlich, dachte ich, kein vernünftiger Mensch kommt um diese Zeit und bei dieser Kälte hier heraus!

Wayne und Andrew breiteten die Tagesdecke etwa neun Meter vor dem kohlrabenschwarzen Wasser auf dem Sand aus. Wir kuschelten uns in den vorderen Bereich der Decke und zogen die rückwärtige Hälfte als Windschutz um unsere Körper.

Ein paar Minuten lang fühlte ich mich wegen Andrews »Schweigeregel« unbehaglich. Aber dann sah ich Wayne und Andrew an und wusste, dass sie beide an den Menschen dachten, den sie zu Lebzeiten so sehr geliebt hatten.

Ich wusste, dass Wayne an die wunderbare Beziehung dachte, die er mit seiner geliebten Janet gehabt hatte, seiner Frau, mit der er einunddreißig Jahre lang verheiratet gewesen war. Und Andrew dachte zweifellos an Harold. An die Spaziergänge, die sie entlang des Sees gemacht hatten. An die Spiele und Konzerte, zu denen sein Vater ihn mitgenommen hatte. An ihre Reise nach Florida zwei Monate vor seinem Tod.

Ich sah sie an, wie sie sich auf diese liebevollen, wunderschönen Erinnerungen konzentrierten, und plötzlich war ich gerührt. Könnte es sein, dass Andrew mit dieser Zeremonie etwas bezweckt?, fragte ich mich.

Ich zog die grüne Decke enger um meinen Nacken und erinnerte mich an einen Vers in Philipper 4, 8, in dem es heißt: »Richtet eure Gedanken auf das, was wahrhaftig, gut und gerecht ist. Denkt über das nach, was rein, was liebenswert ist, und verweilt bei den Dingen, die in anderen schön und gut sind. Bedenkt alles, wegen dem ihr Gott preisen könnt, und freut euch darüber.«

Ich erinnerte mich an die glücklichen ersten Tage meiner Ehe mit Harold. Die Fahrradfahrten; wie ich Harold das Schlittschuhlaufen beigebracht hatte; die zwei wunderschönen Reisen nach Arizona, um seine Schwester, seinen Bruder und deren Familien zu besuchen.

Ich erinnerte mich daran, wie Andrew geboren wurde, in Harolds einundfünfzigstem Lebensjahr, und wie stolz er auf seinen kleinen Sohn war. An dem Tag, an dem er herausfand, dass ich schwanger war, gab er tatsächlich die Zigarren auf!

Ich dachte an meine schreckliche Angst, als Harold ein paar Jahre nach unserer Hochzeit in einer Notoperation an der Gallenblase behandelt wurde. Mir fiel ein, wie ich gelacht hatte, als er sich zu einem »Strebertag« an der Highschool, deren Rektor er war, mit einem verrückten rot karierten Sportjackett und zu kurzen orange karierten Hosen ausstaffiert hatte.

Die unglücklichen Zeiten in unserer Ehe verblassten plötzlich, und als ich beobachtete, wie sich eine Reihe pinkfarbener und stahlblauer Wolken vom Horizont her über den Himmel schob, hatte ich das Gefühl, als ob ein Damm gebrochen wäre. All die schönen Erinnerungen, die ich an dem Tag, an dem Harold ausgezogen war, zugeschüttet hatte, strömten nun wieder an die Oberfläche.

Um die Kälte abzuhalten, zog ich die Decke noch dichter um meinen Nacken und kuschelte mich enger an Andrew, dessen Kopf an meiner Brust lag. Je mehr ich an Harold dachte, desto klarer wurde mir, wie sehr ich ihn vermisste.

Obwohl es bis zum eigentlichen Sonnenaufgang noch etwa zwanzig Minuten waren, erfüllte das intensive, von unterhalb des Horizonts kommende Licht der Sonne den Strand und vermittelte den Eindruck, dass es fast Tag war. Und ich war fast von einem Gefühl des Friedens erfüllt.

Andrew deutete durch einen Wink an, dass es jetzt an der Zeit wäre, die Götterspeise zu essen. Ich nahm den Deckel vom Behälter. Als ich einen Löffel in Waynes Hand legte, drückte ich durch die klobigen Handschuhe hindurch seine Finger. Er lächelte, und ich wusste, dass er verstand, was in mir und Andrew vorging.

Und so aßen wir drei in der Morgendämmerung rote Götterspeise am Strand des Michigan-Sees, bei einer Temperatur, die wegen des Winds bei minus siebzehn Grad liegen musste. Aber irgendwie fror ich nicht. Und die Götterspeise schmeckte gut.

Als die Sonne mit einem wunderbaren Farbenspiel über dem Horizont auftauchte, standen Wayne und Andrew auf.

»Jetzt können wir reden«, verkündete Andrew.

Wayne legte seine starken Arme um Andrew und hielt ihn fest. »Ich weiß, was du durchmachst, mein Sohn. Ich habe meine Frau sehr geliebt, genauso wie du deinen Vater geliebt hast. Und es ist etwas Wunderschönes, sich die

Zeit zu nehmen, diese Erinnerungen zu hegen und zu pflegen.«

Ich stand auf, als der volle Ball der grell orangefarbenen Sonne atemberaubend schön direkt über dem Horizont stand. »Komm, Andrew, gehen wir ein paar Minuten am Strand entlang.«

»Gute Idee«, meinte Wayne lächelnd. »Ich wärme schon mal das Auto vor.«

Als Andrew und ich Hand in Hand am Ufer entlangwanderten, redeten wir über seinen Vater. Andrew nahm Kieselsteine auf und warf sie, so weit er konnte.

»Ich hab dich lieb, Papa!«, schrie er dem Wind entgegen.

Es war Zeit zu gehen. Als wir wieder zu Hause waren, verkündete Andrew, dass er seine Spezialität zubereiten würde: »Käse-Tomaten-Toast für alle!«

Später, als wir mit Orangensaft anstießen und auf Harold Lorenz tranken, wusste ich, dass ich durch dieses sensible elfjährige Kind nicht nur eine bislang fremde Welt der Zeremonie und des Schweigens kennen gelernt hatte, ich hatte auch die Chance erhalten, zum ersten Mal öffentlich zu trauern und bei den »schönen, guten Dingen in anderen« zu verweilen. Nach diesem Tag schien es leichter zu sein, Gott für alles in meinem Leben zu preisen, was »wahrhaftig, gut und gerecht« ist – einschließlich eines sehr speziellen jungen Sohnes namens Andrew.

PATRICIA LORENZ

Hauptwörter und Umstandswörter

Hoffnung ist die Mutter des Glaubens!

Cyrus Augustus Bartol

Vor ein paar Jahren wurde eine Grundschullehrerin eingestellt und damit beauftragt, die Kinder aufzusuchen, die Patienten in einem großen städtischen Krankenhaus waren. Ihr Job bestand darin, sie zu unterrichten, damit sie nicht zu weit zurück wären, wenn sie wieder in die Schule gehen konnten.

Eines Tages bekam diese Lehrerin einen Routineanruf, mit dem sie gebeten wurde, ein bestimmtes Kind zu besuchen. Sie schrieb den Namen des Krankenhauses und die Zimmernummer des Jungen auf und bekam vom Lehrer am anderen Ende der Leitung gesagt: »Im Moment nehmen wir im Unterricht Hauptwörter und Umstandswörter durch. Ich wäre Ihnen dankbar, wenn Sie ihm bei den Hausaufgaben helfen könnten, damit er nicht hinter die anderen zurückfällt.«

Erst als die Lehrerin vor dem Zimmer des Jungen stand, wurde ihr klar, dass sie sich in der Abteilung für Verbrennungskranke befand. Niemand hatte sie auf das vorbereitet, was sie hinter der Tür vorfinden würde. Bevor sie hineingehen durfte, musste sie einen sterilen Krankenhauskittel anziehen und eine Haube aufsetzen, um die Gefahr einer Infektion auszuschließen. Man wies sie an, weder den Jungen noch sein Bett zu berühren. Sie konnte neben ihm stehen, musste aber durch den Mundschutz sprechen, der ebenfalls Pflicht war.

Als sie sich schließlich desinfiziert hatte und die vorgeschriebene Schutzkleidung trug, holte sie tief Luft und betrat das Zimmer. Der kleine Junge, der schreckliche Verbrennungen hatte, litt offenbar große Schmerzen. Die Lehrerin war verlegen und wusste nicht, was sie sagen sollte, aber sie war schon zu weit, um sich umzudrehen und hinauszugehen. Schließlich stammelte sie: »Ich bin die Krankenhauslehrerin, und dein Lehrer hat mich geschickt, damit ich dir mit den Hauptwörtern und den Umstandswörtern helfe.« Später dachte sie, es wäre nicht gerade eine ihrer gelungensten Unterrichtsstunden gewesen.

Als sie am nächsten Morgen wiederkam, fragte eine der Stationsschwestern sie: »Was haben Sie mit dem Jungen gemacht?«

Bevor sie einen Schwall Entschuldigungen zu Ende bringen konnte, unterbrach die Krankenschwester sie mit den Worten: »Sie haben mich nicht verstanden. Wir haben uns Sorgen um ihn gemacht, aber seit Sie gestern da waren, ist er wie verwandelt. Er kämpft, er spricht auf die Behandlung an … Es ist, als wäre er entschlossen zu leben.«

Der Junge selbst erklärte später, bis zu dem Augenblick, in dem er die Lehrerin gesehen habe, habe er keinerlei Hoffnung mehr gehabt und gemeint, er würde sterben. Alles habe sich dann aufgrund einer einfachen Überlegung verändert. Der kleine Junge, der so schlimme Verbrennungen erlitten hatte, dass er die Hoffnung aufgegeben hatte, drückte es so aus, und dabei standen ihm Freudentränen in den Augen: »Zu einem Jungen, der sterben würde, hätten sie doch keine spezielle Lehrerin geschickt, die mit ihm Hauptwörter und Umstandswörter paukt, oder?«

Entnommen aus MOMENTS FOR MOTHERS

Zartes Lila oder weiches Rot?

Er fand mich bitterlich weinend im Krankenhauszimmer vor. »Was ist los?«, fragte Richard, wohl wissend, dass wir beide Grund zum Weinen hatten. In den vergangenen achtundvierzig Stunden hatte sich herausgestellt, dass ich Krebsgeschwüre in meiner Brust hatte, die sich auf meine Lymphknoten ausgedehnt hatten, und dass möglicherweise auch mein Gehirn betroffen war. Wir waren beide zweiunddreißig und hatten drei kleine Kinder.

Richard zog mich fest an sich und versuchte, mich zu beruhigen … »Es war zu viel, nicht wahr, Suz?«, sagte er.

»Das ist es nicht«, sagte ich weinend und hielt den Handspiegel hoch, den ich gerade in der Schublade gefunden hatte. Richard war verwirrt.

»Ich wusste nicht, dass es so sein würde«, weinte ich, als ich schockiert auf mein Spiegelbild starrte. Ich erkannte mich nicht wieder. Ich war schrecklich aufgedunsen. Nach der Operation hatte ich im Schlaf gestöhnt, und Freunde, die es gut meinten, hatten einfach die Mengeneinstellung der automatischen Medikation erhöht, um – wie sie meinten – meine Schmerzen zu lindern. Unglücklicherweise war ich gegen Morphium allergisch und deshalb wie eine Wurst angeschwollen. Von der Operation klebte noch Jod an meinem Nacken, meiner Schulter und Brust, und es war zu früh für ein Bad. Auf einer Seite hing ein kleiner Schlauch, sodass die Flüssigkeit aus der Wunde ablaufen konnte. Meine linke Schulter und Brust waren dort, wo ich ein Stück meiner Brust verloren hatte, fest bandagiert. Meine langen lockigen Haare waren ein einziger klebriger Wust. In den vergangenen achtundvierzig Stunden waren mehr als hundert Besucher hier gewesen, und sie alle hatten diese braun-weiß gescheckte, aufgedunsene Frau ohne Make-up mit schweißverklebten Haaren im grauen Nachthemd gesehen, die ich zu sein schien. Was war aus mir geworden?

Richard ließ mich zurück auf das Kissen sinken und verließ den Raum. Nach wenigen Minuten kam er voll beladen mit kleinen Shampoo- und Haarspülungsflaschen zurück, die er draußen in der Halle besorgt hatte. Er holte Kissen aus dem Schrank und schob einen Stuhl vor das Waschbecken. Er rollte den Schlauch meiner Infusion auseinander und steckte den langen dünnen Schlauch, der aus meiner Wunde hing, in seine Hemdtasche. Dann beugte er sich herunter, hob mich auf und trug mich – samt Infusionsständer und allem andern – hinüber zum Waschbecken. Er setzte mich vorsichtig auf seinen Schoß, hielt meinen Kopf in seinen Armen über das Waschbecken und ließ langsam warmes Wasser über meine Haare laufen. Dabei leerte er kleine Fläschchen über mein Haar und wusch und spülte so meine langen Locken. Er schlug ein Handtuch um meinen Kopf und brachte mich, den Schlauch und den Infusionsständer wieder zurück zum Bett. Er machte das so vorsichtig, dass sich die frisch genähte Wunde nicht einmal meldete.

Mein Mann, der sich sein Leben lang niemals die Haare geföhnt hatte, holte einen Föhn heraus und trocknete damit mein Haar. Dabei unterhielt er mich, indem er die ganze Zeit so tat, als gäbe er mir Schönheitstipps. Dann frisierte er aufgrund seiner zwölfjährigen Beobachtung mein Haar. Ich lachte, als er sich auf die Lippen biss, ernster bei der Sache, als es je der Schüler einer Kosmetikschule hätte sein können. Er wusch meine Schulter und meinen Nacken mit einem warmen Waschlappen und war sehr vorsichtig dabei, um die frische Wunde nicht zu reizen. Dann cremte er mich ein, und danach öffnete er meinen Make-up-Beutel und begann mich zu schminken. Ich werde nie unser Gelächter vergessen, als er versuche, mir Mascara und Rouge aufzutragen. Ich öffnete weit die Augen und hielt den Atem an, als er mit zitternden Händen meine Wimpern tuschte. Er rubbelte meine Wangen mit Kosmetiktüchern, um das Rouge zu verteilen. Als krönenden Abschluss hielt er zwei Lippenstifte hoch und fragte: »Zartes Lila oder weiches Rot?« Er trug den Lippenstift auf wie ein Künstler, der auf Leinwand malt, und hielt mir dann den kleinen Spiegel hin.

Ich sah wieder menschlich aus. Etwas aufgedunsen zwar, aber ich roch sauber, und mein Haar fiel weich über meine Schultern, ich erkannte mich wieder.

»Was meinst du?«, fragte er. Ich fing wieder an zu weinen, dieses Mal aus Dankbarkeit.

»Nein, Schatz, du wirst meine ganzen Schminkkünste zunichte machen«, rief er, und ich brach in Gelächter aus.

Während dieser schwierigen Zeit in unserem Leben wurde mir eine Überlebenschance von nur vierzig Prozent für die nächsten fünf Jahre gegeben. Das war vor sieben Jahren. Diese Jahre habe ich durch viel Lachen, den Trost Gottes und durch die Hilfe meines wunderbaren Ehemanns überstanden. Wir feiern in diesem Jahr unseren neunzehnten Hochzeitstag, und unsere Kinder sind zu Teenagern herangewachsen. Richard hatte das verstanden, was inmitten einer Tragödie als Eitelkeit und Dummheit erscheinen musste. Alles, was für mich selbstverständlich gewesen war, brach in jenen Stunden zusammen: die Tatsache, dass ich meine Kinder aufwachsen sehen würde, meine Gesundheit, meine Zukunft. Mit einer kleinen freundlichen Handlung gab mir Richard die Normalität zurück. Ich werde diesen Moment immer als eine der liebevollsten Gesten unserer Ehe ansehen.

T. Suzanne Eller

Alles innerhalb eines Tages

> Wenn ich die Last nur eines Lebens erleichtern oder den Schmerz nur eines Menschen lindern oder nur einem kraftlosen Rotkehlchen wieder ins Nest helfen könnte – ich hätte nicht umsonst gelebt.
>
> Emily Dickinson

Er war in der Notaufnahme eingeliefert worden und lag jetzt auf der Herzstation. Langes Haar, unrasiert, schmutzig und fettleibig, seine schwarze Motorradjacke in die unterste Ablage des Krankenbettes gestopft, war er ein Fremdkörper in der sterilen Welt glänzender Kachelböden, weißer Kittel und strengster Desinfektion. Er war ohne Zweifel ein Unberührbarer.

Die Krankenschwestern der Station starrten mit großen Augen auf diesen Haufen Elend, der an ihnen vorbeigeschoben wurde. Gleichzeitig blickten sie nervös hinüber zu Bonnie, der Oberschwester. »Verschone mich bitte mit diesem Patienten …« war ihr hörbares, wenn auch unausgesprochenes Flehen.

Eine wirkliche Führungskraft zeichnet es aus, das Undenkbare zu tun, das scheinbar Unmögliche in Angriff zu nehmen. Und so sagte Bonnie: »Ich werde diesen Patienten selbst übernehmen.« Für eine Oberschwester war ihre Entscheidung äußerst ungewöhnlich. Ihr Verhalten war unkonventionell und daher genau aus dem Stoff, der die menschliche Seele heilt und beflügelt.

Nachdem sie sich die Gummihandschuhe übergestreift und damit begonnen hatte, den stinkenden Mann zu waschen, brach es ihr fast das Herz. Wo war seine Familie? Wer war seine Mutter? Wie war er wohl als kleiner Junge gewesen? All diese Fragen kamen ihr in den Kopf, während sie schweigend ihre Arbeit verrichtete. Seine Angst und seine Verwirrung schienen sich dabei immer mehr zu legen.

An einem bestimmten Punkt sagte sie: »Heutzutage haben wir im Krankenhaus nicht mehr die Zeit für eine lange Rückenmassage, aber ich glaube, einmal den Rücken massiert zu bekommen würde Ihnen jetzt wirklich gut tun. Es würde helfen, Ihre Muskeln zu entspannen, damit Sie wieder richtig gesund werden können. Denn darum geht es ja an einem Ort wie diesem … wieder gesund zu werden.«

Die dicke, rötliche Haut mit tiefen Furchen war offensichtlich das Ergebnis eines ungesunden und unverantwortlichen Lebensstils: einseitige Ernährung mit Junk-Food sowie Alkohol- und Drogenabhängigkeit. Während Bonnie die angespannten Muskeln massierte, betete sie innerlich. Sie betete für die Seele eines kleinen Jungen, der inzwischen erwachsen war, den die Rücksichtslosigkeit des Lebens zurückgestoßen hatte, und der sich danach sehnte, Liebe und Anerkennung in einer Welt zu finden, die ihn abzuweisen schien.

Zum Schluss gab es warme Lotion und Babypuder. Es wirkte beinah komisch – so groß war der Gegensatz zu dieser riesigen, fremd anmutenden Oberfläche. Als Bonnie den Patienten schließlich auf den Rücken drehte, liefen ihm Tränen über die Wangen, und sein Kinn bebte. Er hatte wunderschöne braune Augen und sagte lächelnd mit stockender Stimme: »Seit Jahren hat mich niemand mehr berührt. Vielen Dank. Ich werde wieder gesund.«

NAOMI RHODE

Man nehme Mut, Humor, Fantasie und die richtige Einstellung

Ich weiß, dass mir Gott nichts geben wird,
womit ich nicht umgehen kann.
Ich wünschte mir nur,
er würde mir nicht so viel zutrauen.

MUTTER TERESA

In uns allen steckt das Außergewöhnliche …
und wartet darauf, ans Licht zu kommen.

JEAN HOUSTON

Der Wind unter ihren Flügeln

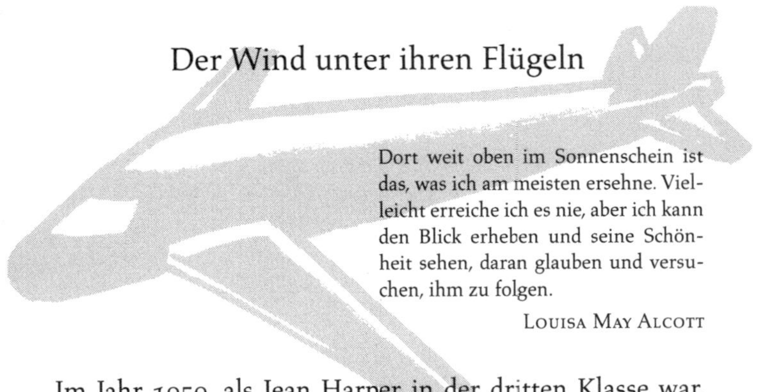

> Dort weit oben im Sonnenschein ist das, was ich am meisten ersehne. Vielleicht erreiche ich es nie, aber ich kann den Blick erheben und seine Schönheit sehen, daran glauben und versuchen, ihm zu folgen.
>
> LOUISA MAY ALCOTT

Im Jahr 1959, als Jean Harper in der dritten Klasse war, sollten die Schüler einen Aufsatz darüber schreiben, was sie als Erwachsene einmal werden wollten. Jeans Vater war Pilot. In der kleinen nordkalifornischen ländlichen Gemeinde, in der sie aufwuchs, streute er aus der Luft Mittel zur Schädlingsbekämpfung auf die Felder, und sie war völlig von Flugzeugen und vom Fliegen fasziniert. Sie legte ihr ganzes Herzblut in den Aufsatz und nahm alle ihre Träume mit hinein. Sie wollte Schädlingsbekämpfung aus der Luft betreiben, Fallschirmspringerin sein, Wolken erzeugen (das hatte sie einmal im Fernsehen gesehen) und Pilotin einer Fluggesellschaft werden. Sie bekam ihren Aufsatz mit einer schlechten Note zurück. Die Lehrerin erklärte, das alles sei ein »Märchen«, und keiner der von ihr aufgezählten Berufe sei für eine Frau geeignet. Jean war niedergeschmettert und fühlte sich gedemütigt.

Sie zeigte den Aufsatz ihrem Vater, und er versicherte ihr, dass sie natürlich Pilotin werden könne. »Schau dir

Amelia Earhart an«, sagte er. »Diese Lehrerin weiß nicht, wovon sie redet.«

Doch im Verlauf der Jahre wurde Jean durch die Entmutigung und die Ablehnung, die sie erfuhr, wenn sie von ihren Berufsplänen sprach, völlig zermürbt: »Mädchen können nicht Pilotin werden – das war nie so und wird auch nie so sein. Du bist nicht intelligent genug, du bist verrückt. Das ist völlig unmöglich.« Schließlich gab Jean die Idee auf.

In der letzten High-School-Klasse gab eine Mrs. Dorothy Slaton Englischunterricht. Sie war eine strenge, unnachgiebige Lehrerin, die hohe Ansprüche stellte und in Bezug auf Ausreden wenig Toleranz aufbrachte. Sie weigerte sich, ihre Schüler wie Kinder zu behandeln, und erwartete stattdessen von ihnen, dass sie sich wie die verantwortungsbewussten Erwachsenen verhielten, die sie sein mussten, wenn sie sich nach dem Schulabschluss in der realen Welt erfolgreich behaupten wollten. Jean hatte anfangs Angst vor ihr, lernte aber mit der Zeit, sie für ihre Strenge und Fairness zu respektieren.

Eines Tages stellte Mrs. Slaton der Klasse ein Aufsatzthema: »Was werdet ihr eurer Vorstellung nach in zehn Jahren tun?« Jean dachte darüber nach. Pilotin? Keine Chance. Flugbegleiterin? Ich bin nicht hübsch genug – sie würden mich nie nehmen. Ehefrau? Wer würde mich schon haben wollen? Kellnerin? *Das* könnte ich schaffen. Das fühlte sich ungefährlich an, also schrieb sie das nieder.

Mrs. Slaton sammelte die Aufsätze ein, und dabei blieb

es vorerst. Zwei Wochen später verteilte sie die Aufsätze wieder an die Schüler, die beschriebenen Seiten nach unten. Dann stellte sie ihnen folgende Frage: »Was würdet ihr tun, wenn ihr unbegrenzt finanzielle Mittel, uneingeschränkten Zugang zu den besten Ausbildungsmöglichkeiten, unbegrenzte Talente und Fähigkeiten hättet?« Jean spürte, wie ihre ehemalige Begeisterung sie wieder überkam, und voller Erregung schrieb sie alle ihre alten Träume nieder. Als die Schüler fertig waren, fragte die Lehrerin: »Wie viele von euch haben auf beiden Seiten der Blätter dasselbe geschrieben?« Es hob sich keine einzige Hand.

Was Mrs. Slaton dann sagte, änderte Jeans Leben völlig. Die Lehrerin beugte sich vor. »Ich kann euch allen ein kleines Geheimnis verraten. Ihr *habt* unbegrenzte Fähigkeiten und Talente. Ihr *habt* Zugang zu den besten Ausbildungsmöglichkeiten, und ihr *könnt* für unbegrenzte finanzielle Mittel sorgen, wenn ihr etwas nur dringend genug wollt. Das ist es! Wenn ihr nach dem Schulabschluss nicht selbst versucht, eure Träume zu verwirklichen, wird es *keiner* für euch tun. Ihr könnt bekommen, was ihr wollt, wenn ihr es nur wirklich wollt.«

Angesichts dieser Wahrheit schmolzen all die Verletzungen und Ängste, die sich in den Jahren der Entmutigung in Jean angesammelt hatten, förmlich dahin. Sie fühlte sich wie neu belebt und zugleich ein wenig erschreckt. Nach Unterrichtsschluss ging sie zum Schreibtisch der Lehrerin. Sie dankte ihr und erzählte ihr von ihrem Traumberuf als Pilotin. Mrs. Slaton erhob sich halb von ihrem Stuhl und schlug mit der Hand auf die Tischplatte. »Dann mach es!«, sagte sie.

Und Jean machte es. Es geschah natürlich nicht über Nacht. Es bedurfte zehn Jahre harter Arbeit und Konfrontation mit Widerständen, die von stiller Skepsis bis hin zu offenen Feindseligkeiten reichten. Es lag nicht in Jeans Natur, aufzustehen und sich durchzusetzen, wenn ihr jemand etwas abschlug oder sie demütigte; stattdessen versuchte sie, einen anderen Weg zu finden.

Sie wurde Pilotin für Privatflugzeuge und bekam dann die erforderliche Lizenz, um Frachtflugzeuge fliegen und sogar im Pendelverkehr eingesetzt werden zu können, aber immer als Kopilotin. Ihre Arbeitgeber zögerten ganz offen, sie zu befördern – weil sie eine Frau war. Selbst ihr Vater riet ihr, es mit etwas anderem zu versuchen. »Es ist unmöglich«, sagte er. »Hör auf, mit dem Kopf gegen die Wand zu rennen.«

Aber Jean erwiderte: »Dad, da bin ich anderer Meinung. Ich glaube, dass sich die Dinge ändern werden, und wenn das geschieht, will ich an der Spitze des Rudels sein.«

Jean machte weiterhin all die Dinge, die ihre Lehrerin in der dritten Klasse für ein Märchen gehalten hatte. Sie versprühte aus der Luft Schädlingsbekämpfungsmittel, sprang einige hundert Male mit dem Fallschirm ab und »säte« sogar als Pilotin einen Sommer lang Wolken. 1978 wurde sie eine der ersten drei von United Airlines je akzeptierten Pilotenausbilderinnen und eine der fünfzig Pilotinnen, die damals in ganz Amerika für Linienflugzeuge zugelassen wurden. Heute ist Jean Harper Flugkapitän einer Boeing 737 bei United Airlines.

Es war die Kraft eines positiven Wortes am richtigen Ort. Es war der Funken der Ermutigung von Seiten einer Frau, die Jean respektierte, die dem unsicheren jungen Mädchen die Stärke und den Glauben verlieh, um seinen Traum verwirklichen zu können. Heute sagt Jean: »Ich entschied mich dafür, ihr zu glauben.«

CAROL KLINE *in Zusammenarbeit mit* JEAN HARPER

Die innere Einstellung ist alles

Jerry war ein Typ, der einem echt auf die Nerven gehen konnte, denn er war immer guter Laune und sah die Dinge immer von ihrer positiven Seite. Wenn ihn jemand fragte, wie es ihm gehe, antwortete er: »Wenn es mir noch besser gehen würde, gäbe es mich zweimal.«

Jerry war ein einzigartiger Geschäftsführer, und einige Kellner waren ihm deshalb sogar von Restaurant zu Restaurant gefolgt. Was sie an ihm mochten, war seine innere Einstellung. Er war der geborene Motivator. Wenn ein Mitarbeiter einen schlechten Tag hatte, half Jerry ihm dabei, die positiven Seiten des Lebens zu sehen.

Seine Art machte mich neugierig, und so sprach ich ihn eines Tages direkt darauf an:

»Eins verstehe ich nicht. Sie können doch nicht die ganze Zeit über positiv sein. Wie schaffen Sie das bloß?«

Jerry antwortete: »Jeden Morgen nach dem Aufwachen sage ich mir: ›Jerry, du hast heute zwei Möglichkeiten. Du kannst dich entscheiden, gute oder schlechte Laune zu haben.‹ Ich entschließe mich für die gute Laune. Jedes Mal, wenn etwas Schlechtes passiert, kann ich mich entscheiden, Opfer zu sein oder aus der Erfahrung zu lernen. Ich entscheide mich dafür, aus der Erfahrung zu lernen. Jedes Mal, wenn jemand mit einer Beschwerde zu mir kommt, kann ich diese einfach hinnehmen, oder ich kann auf die positiven Seiten des Lebens verweisen.«

»Ja schon, aber das ist nicht so einfach«, protestierte ich.

»Da haben Sie Recht«, meinte Jerry. »Im Leben geht es immer nur um Entscheidungen. Genau genommen stellt uns jede Situation vor eine Entscheidung. Es liegt an uns, wie wir auf bestimmte Situationen reagieren. Wir haben die Wahl, wie Menschen unsere Stimmung beeinflussen. Wir können jederzeit entscheiden, ob wir gute oder schlechte Laune haben wollen. Auf den Punkt gebracht: Jeder bestimmt selbst, wie er sein Leben lebt.«

Jerrys Worte hinterließen bei mir einen tiefen Eindruck. Nicht lange nach diesem Gespräch eröffnete ich mein eigenes Geschäft. Ich verlor Jerry aus den Augen, aber ich musste oft an ihn denken, wenn ich bewusst eine Entscheidung traf, anstatt einfach nur auf das Leben zu reagieren.

Jahre später hörte ich, dass Jerry etwas getan hatte, das man auf keinen Fall tun sollte, wenn man ein Restaurant führt: Er hatte die Hintertür offen gelassen und war prompt von drei bewaffneten Räubern überfallen worden. Als er versuchte, den Safe zu öffnen, rutschte seine Hand, die vor Anspannung zitterte, beim Einstellen der Zahlenkombination ab. Die Räuber drehten durch und schossen auf ihn. Zum Glück wurde Jerry schnell gefunden und in die Notaufnahme gebracht. Nach einer achtzehnstündigen Operation und Wochen intensivster Pflege wurde Jerry schließlich aus dem Krankenhaus entlassen, obwohl Teile der Geschosse immer noch in seinem Körper steckten.

Ich traf Jerry sechs Monate nach dem Ereignis. Als ich ihn fragte, wie es ihm gehe, antwortete er:

»Wenn es mir noch besser gehen würde, gäbe es mich zweimal. Möchten Sie meine Narben sehen?« Mehr als seine Wunden interessierte mich jedoch, was während des Raubüberfalls in seinem Kopf vor sich gegangen war.

»Das Erste, das mir durch den Kopf schoss, war, dass ich besser die Hintertür verschlossen hätte«, antwortete Jerry.

»Als ich dann auf dem Boden lag, erinnerte ich mich daran, dass ich die Wahl hatte: Ich konnte beschließen zu leben, und ich konnte beschließen zu sterben. Ich entschied mich für das Leben.«

»Hatten Sie keine Angst? Oder hatten Sie das Bewusstsein verloren?«, fragte ich.

»Die Notärzte waren großartig«, fuhr Jerry fort. »Sie erzählten mir die ganze Zeit, dass ich wieder gesund werden würde. Aber als sie mich in den Operationssaal schoben und ich den Gesichtsausdruck der Ärzte sah, bekam ich einen großen Schreck, denn ihr Blick sagte: ›Der hat keine Chance.‹ Mir war klar, dass etwas geschehen musste.«

»Was haben Sie getan?«, fragte ich.

»Nun, eine große, kräftige Krankenschwester schrie mir Fragen ins Gesicht«, sagte Jerry. »Sie fragte, ob ich auf irgendetwas allergisch sei. ›Ja, ich bin auf etwas allergisch‹, antwortete ich. Die Ärzte und Krankenschwestern hielten inne, um meine Antwort zu hören. Ich atmete tief ein und schrie: ›Auf Kugeln!‹ Während sie lachten, sagte ich: ›Ich will leben. Operieren Sie mich nicht in dem Gedanken, ich sei schon tot.‹«

Jerry überlebte dank der Kunstfertigkeit seiner Ärzte, aber auch wegen seiner bemerkenswerten Haltung. Von ihm habe ich gelernt, dass wir jeden Tag die Entscheidung treffen müssen, ob wir unser Leben aus voller Kraft leben wollen. Es kommt nur auf die innere Einstellung an.

FRANCIE BALTAZAR-SCHWARTZ

Geschenke des Herzens

> Die Liebe, die wir geben, ist die einzige, die wir behalten.
>
> ELBERT HUBBARD

In der hektischen Welt, in der wir heutzutage leben, ist es sehr viel einfacher, etwas mit Kreditkarte zu kaufen, als ein Geschenk des Herzens zu machen.

Und Herzensgeschenke sind vor allem an Weihnachten wichtig.

Vor ein paar Jahren versuchte ich meine Kinder darauf vorzubereiten, dass Weihnachen diesmal kärglich ausfallen würde. Sie reagierten mit einem »Aber klar Mom, das haben wir schon mal gehört!« Ich hatte meine Glaubwürdigkeit verloren, weil ich ihnen dasselbe schon im letzten Jahr gesagt hatte, als ich mich gerade scheiden ließ. Aber dann war ich einkaufen gegangen und hatte alle meine Kreditkarten bis zum Anschlag belastet. Ich war sogar finanztechnisch sehr kreativ, um etwas auf den Gabentisch legen zu können. Dieses Jahr war die Situation jedoch ganz anders, und das kauften sie mir nun nicht ab.

Eine Woche vor Weihnachten fragte ich mich: »Was habe ich, um dieses Weihnachten zu einem besonderen Fest zu machen?« In all den Häusern, in denen wir vor meiner Scheidung gelebt hatten, hatte ich mir immer die Zeit genommen, unser Heim schön herzurichten. Ich hatte gelernt zu tapezieren, Holzböden und Keramikfliesen zu verlegen, Vorhänge aus Bettlaken zu nähen und noch einiges mehr. Aber in diesem gemieteten Haus hatte ich wenig Zeit für das Dekorieren und darüber hinaus sehr viel weniger Geld. Außerdem hatte mich dieser hässliche Ort mit seinen roten und orangefarbenen Teppichen und türkisfarbenen und grünen Wänden wütend gemacht. Ich hatte mich geweigert, Geld hineinzustecken. Eine innere Stimme verletzten Stolzes hatte geschrieen: »Wir werden nicht so lange hier sein!«

Niemand schien sich um dieses Haus zu scheren – mit Ausnahme meiner Tochter Lisa, die immer versucht hatte, aus ihrem Zimmer etwas Besonderes zu machen.

Es war an der Zeit, meine Talente zur Geltung zu bringen. Ich rief meinen Exmann an und bat ihn, eine ganz bestimmte Tagesdecke für Lisa zu kaufen. Dann besorgte ich die dazu passende Bettwäsche. Am Weihnachtsvorabend gab ich fünfzehn Dollar für vier Liter Farbe aus. Ich kaufte auch das schönste Briefpapier, das ich je gesehen hatte. Mein Vorhaben war einfach: Ich wollte die Wände streichen und Vorhänge nähen und mich bis zum Weihnachtsmorgen unentwegt beschäftigt halten, um keine Zeit zu haben, mir an diesem Festtag Leid zu tun.

Am Abend gab ich jedem der Kinder drei Briefbögen samt Umschlägen. Auf den einzelnen Seiten stand oben geschrieben: »Was ich an meiner Schwester Mia liebe«, »Was ich an meinem Bruder Kris liebe«, »Was ich an meiner Schwester Lisa liebe«, »Was ich an meinem Bruder

Erik liebe«. Die Kinder waren sechzehn, vierzehn, zehn und acht Jahre alt, und ich musste einige Überredungskünste aufbieten, um sie davon zu überzeugen, dass sie wenigstens eine Sache finden würden, die sie aneinander mochten. Während sie sich zurückzogen und schrieben, packte ich in meinem Schlafzimmer die wenigen Geschenke ein, die ich im Laden für sie gekauft hatte.

Als ich in die Küche zurückkehrte, hatten die Kinder ihre Briefe fertig. Ihre Namen wurden auf die jeweiligen Umschläge geschrieben, dann tauschten wir Umarmungen und Gutenachtküsse aus, und sie gingen zu Bett. Lisa durfte ausnahmsweise in meinem Bett schlafen, und sie musste versprechen, bis zum Weihnachtsmorgen nicht heimlich zu gucken.

Ich fing mit der Arbeit an. Weit nach Mitternacht hatte ich die Vorhänge fertiggenäht und die Wände gestrichen, und ich trat einen Schritt zurück, um mein Meisterwerk zu bewundern. Warte – warum nicht Regenbogen und Wolken an die Wände malen, damit sie zu den Stoffen passten. Ich holte meine Kosmetikpinsel und -schwämme hervor und machte mich ans Werk. Um fünf Uhr morgens war ich fertig. Zu erschöpft, um an meine arme »zerrüttete Familie«, wie die Statistik es nennt, zu denken, ging ich in mein Zimmer und fand dort Lisa quer in meinem Bett liegen. Ich stellte fest, dass ich so nicht schlafen konnte, hob sie sacht auf und trug sie auf Zehenspitzen in ihr Zimmer. Als ich ihren Kopf auf das Kissen sinken ließ, fragte sie: »Mami, ist es schon Morgen?«

»Nein, Süße, lass die Augen zu, bis der Weihnachtsmann kommt.«

Am Morgen wurde ich durch ein freudiges Flüstern an meinem Ohr geweckt: »Wow, Mami, es ist wunderschön.«

Später standen wir alle auf, saßen um den Weihnachtsbaum und wickelten die wenigen Geschenke aus. Danach bekamen die Kinder ihre drei Umschläge. Wir lasen die Worte mit tränenfeuchten Augen und geröteten Nasen. Dann kamen wir zu den Bemerkungen über das »Baby in der Familie«. Erik, der acht war, erwartete nicht, irgend etwas Nettes zu hören. Aber sein Bruder hatte geschrieben: »Ich liebe an meinem Bruder Erik, dass er sich vor nichts fürchtet.« Mia hatte geschrieben: »Ich liebe an meinem Bruder Erik, dass er mit jedem reden kann!« Lisa hatte geschrieben: »Ich liebe an meinem Bruder Erik, dass er höher auf die Bäume klettern kann als alle anderen!«

Jemand zupfte an meinem Ärmel, dann legte sich eine kleine Hand an mein Ohr, und Erik wisperte: »Stell dir vor, Mami, ich hab gar nicht gewusst, dass sie mich mögen!«

In dieser allerschlimmsten Zeit hatten uns Kreativität und Erfindungsreichtum die schönsten Momente beschert. Ich bin inzwischen finanziell wieder auf die Beine gekommen, und wir haben seither viele »große« Weihnachtsfeste mit einer Menge Geschenke unterm Baum gefeiert ... Aber wenn wir gefragt werden, welches Weihnachten uns am besten gefallen hat, dann erinnern wir uns alle an jenes Fest.

Sheryl Nicholson

Eine Mutter kämpft um ihr Kind

> Keine Sprache kann die Kraft und die Schönheit und den Heldenmut einer Mutterliebe ausdrücken.
>
> EDWIN H. CHAPIN

Frank und Lee heirateten 1948. Als sie eine Familie gründeten, entschied Lee, dass sie sechs Kinder wollte. Das erste kam 1951 zur Welt, fünf weitere folgten in den nächsten elf Jahren. Aber als das fünfte Kind, Tom, kam, war Lee an dem Punkt angelangt, wo sie sich nicht sicher war, ob sie es schaffen würde, noch ein sechstes zu betreuen.

Mit sechs Monaten war Tom noch immer nicht in der Lage, sich mit dem Löffel füttern zu lassen oder den Kopf oben zu halten. Lee fand, dass er sich praktisch in jeder Hinsicht langsam entwickle. Sie brachte ihn zum Kinderarzt, der ihr sagte, sie bausche da eine Lappalie unnötig auf.

»Viele Babys haben Schwierigkeiten, sich an das Füttern mit dem Löffel anzupassen«, sagte er ihr. »Das ist normal.«

»Ich denke, ich weiß, was normal und was nicht normal ist«, sagte sie gelassen. »Ich habe schon vier Kinder. Irgendwas stimmt da nicht.«

Und so brachte sie ihr Baby zu einem zweiten Arzt, der ihr sagte, sie solle ein Jahr abwarten, um zu sehen, ob sich

LESEN
macht glücklich!
Großes Gewinnspiel
Treffpunkt Bücher
HEYMANN
www.goldmann-verlag.de
GOLDMANN
www.heyne.de
HEYNE

Vervollständigen Sie den Satz:

Lesen macht glücklich,

weil ....

....

....

Vorname, Name

Straße

PLZ, Ort

Geben Sie Ihre Gewinnspielkarte bei Ihrem Buchhändler ab oder schicken Sie uns Ihre Antwort per Post bzw. per Fax (0 89 / 41 36-36 72). Einsendeschluss ist der 30.09.2010.

Mitarbeiter der Verlagsgruppe Random House sowie deren Verwandte sind von der Teilnahme ausgeschlossen. Der Rechtsweg ist ausgeschlossen.

Bitte freimachen, falls Marke zur Hand

Deutsche Post

ANTWORT

Goldmann Verlag
– Werbung –
Neumarkter Straße 28
81673 München

»die Sache auswachsen« würde. Also wartete Lee ab – und gab Acht.

Im Verlauf des nächsten Jahres schaffte es Tom, seinen Kopf oben zu halten, aber sonst wurde es mit ihm in vielerlei Hinsicht schlechter. Häufig weigerte er sich zu essen. Oder er aß nur Kürbisgemüse, bis seine Haut eine orangefarbene Tönung bekam. Aber die beunruhigendste Entwicklung betraf seine Gewaltausbrüche. Er attackierte seine älteren Geschwister, während sie fernsahen, oder er schlug Lee vom Rücksitz des Wagens aus, während sie zu fahren versuchte. Lee wusste, dass Wutanfälle bei Kleinkindern durchaus normal sind, aber die Heftigkeit von Toms Zornausbrüchen beunruhigte sie.

Als Tom eineinhalb Jahre war, klapperte Lee neuerlich die Ärzte und Spezialisten ab. Diesmal sagte ihr keiner, dass Tom normal sei. Einer der Ärzte diagnostizierte die Fölling-Krankheit, eine Stoffwechselerkrankung, die sich unter anderem durch extreme Entwicklungsstörungen äußert. Ein anderer sagte hingegen, es handle sich um eine Schädigung des Gehirns: Bei der Geburt müsse kurzfristig ein Sauerstoffmangel im Gehirn bestanden haben. Nach einem Jahr, in dem sie diverse Ärzte konsultiert hatte, sagte man Lee, Tom würde nie ein normales Leben führen können. Sie solle ihn daher in eine Anstalt einweisen lassen.

Lee war entsetzt. Wie konnte sie ihr dreijähriges Kind in eine Anstalt stecken, in der die Möglichkeit, dass es sich zu einem gesunden Menschen entwickelte, vielleicht für immer zunichte gemacht würde? Als Lee mit Frank die von den Ärzten empfohlene Anstalt besichtigte, stellte sie fest, dass sämtliche Kinder, die sie dort sah, schwer geistig behindert waren und vielen von ihnen jede Kommunikationsfähigkeit abging. Tom hatte Probleme, fand Lee, aber das hier war nicht der Ort, an dem man ihn unterbringen sollte.

Dann erfuhr Lee von einem Krankenhaus in Ann Arbor, wo man Tom vielleicht helfen könnte. Die dortigen Ärzte und Psychiater kamen zu dem Schluss, er sei geistig behindert und werde niemals die High School absolvieren können. Ein Sozialarbeiter an dem Krankenhaus äußerte die Ansicht, für Frank und Lee würde es sehr hart sein, einen Sohn mit derart begrenzten Fähigkeiten großzuziehen, da sie beide auf dem College gewesen seien.

»Er bringt es höchstens bis zum Totengräber«, sagte er.

»So?«, entgegnete Lee, »ich will Ihnen mal was sagen. Es ist mir egal, wie er sich seinen Lebensunterhalt verdient. Ich liebe alle meine Kinder. Und ich liebe sie nicht auf Grund ihrer Intelligenz. Ich liebe Tom auch dann kein bisschen weniger, wenn er kein Genie ist.«

Aber Tom übertraf alle Erwartungen. Widerstrebend willigten die Ärzte ein, dass man ihn eine reguläre Schule besuchen ließ. Obwohl er schwierige Phasen durchmachte, bestand er nicht nur die Abschlussprüfung an der High School, sondern beendete auch erfolgreich ein zweieinhalbjähriges Collegestudium. Irgendwann im Verlauf seiner Entwicklung fand man heraus, dass seine geistige Behinderung seelisch bedingt war, und behandelte sie dann auf adäquate Weise.

Ich bin froh, dass Lee bei diesem Kind nicht resigniert hat, denn jenes Kind mit dem harten Start ins Leben war ich. Heute bin ich in medikamentöser Behandlung, um meine seelischen Höhen und Tiefen unter Kontrolle zu halten. Und wenn ich auf meine Kinderjahre zurückblicke, dann danke ich Gott, dass ich eine Mutter hatte, die zu stur war, um auf die pessimistischen Voraussagen der Ärzte zu hören. Meine Mutter liebte mich genug, um auf das zu hören, was ihr Herz ihr sagte: dass die beste Waffe im Kampf um ein Kind eine Menge Glauben und eine Menge Liebe ist.

TOM MULLIGAN

Der beste Lehrer meines Lebens

Eltern lernen von ihren Kindern sehr viel über die Bewältigung des Lebens.

MURIEL SPARK

Ich war seit fünfzehn Jahren Lehrerin, als ich meinem größten Lehrer begegnete – nicht in einem Klassenzimmer, sondern in einem Krankenhaus. Es war meine Tochter Kelsey.

Kelsey hatte von Geburt an eine spastische Lähmung infolge einer Hirnschädigung, und als sie fünf war, stand sie vor einer Schlacht gegen den Krebs, die sie später gewann. Sie hat mich viele anschauliche Lektionen über Mut und Entschlossenheit gelehrt, und letztendlich bin ich zu einem besseren Menschen geworden, weil sie mit mir so viel Geduld hatte.

Als sie vier war, wollte sie lernen, ihre Schuhe so zu binden wie ihre beste Freundin. Ich war sprachlos. Wegen der Lähmung konnte Kelsey die Finger ihrer linken Hand kaum gebrauchen. Ich brachte es selbst nicht fertig, mit einer Hand einen Knoten zu machen; wie sollte ich es da ihr beibringen?

Nachdem Kelsey dreieinhalb Jahre geübt hatte, schaffte sie es. Ich erinnere mich noch an jenen ersten Tag in den Sommerferien, als sie siebeneinhalb war und ich sie beobachtete und ermunterte. Als sie ihre Hand wegnahm und die zwei sauber geknoteten Schleifen zum Vorschein kamen, strahlte sie von einem Ohr zum anderen, und ich weinte vor Freude. Niemand hat sie je gefragt, wie alt sie war, als sie lernte, sich die Schuhe zu binden. Von ihrer Leistung habe ich etwas über Entschlossenheit gelernt – und vieles mehr. Schnelligkeit spielte in Kelseys Leben nicht die Hauptrolle – am wichtigsten war, dass sie ihre Ziele in ihrem eigenen Tempo erreichte.

Während ihrer ganzen Krebsbehandlung meisterte Kelsey ihr Leben, indem sie kreativ spielte. Im Krankenhaus hieß das Spiel immer »Restaurant« – sie war die Kellnerin, alle anderen die Kunden. Endlose Stunden verlor sie sich in diesem Spiel, als wäre sie gar nicht im Krankenhaus, sondern draußen in der Welt, weit weg von Ärzten und Untersuchungen; Kelsey war sicher, dass sie eines Tages zu dieser Welt gehören würde.

Zu Hause, wo sie offenbar mehr Sicherheit für die Beschäftigung mit tiefer gehenden Gefühlen fand, wurde das Spiel zu »Krankenhaus«. In diesem Spiel war Kelsey der leitende Arzt, der die Dinge zum Besseren wendete. Sie gebrauchte in diesem Spiel medizinische Begriffe, die noch nicht einmal wir Erwachsenen verstanden. Wir spielten einfach mit, froh darüber, dass Kelsey einen Weg gefunden hatte, mit ihrer Situation zurechtzukommen.

Als sie sechs war, wollte sie Ballettunterricht nehmen. Es ist mir peinlich zuzugeben, wie sehr dieser Einfall mich erschreckte. Ihre Muskeln waren wegen der Chemotherapie ziemlich schwach, ihr Gleichgewichtssinn war schlecht, und ihr Gewicht war auf siebzehn Kilo heruntergegangen. Ich hatte nicht nur Angst um ihren Körper, sondern auch um ihre Gefühle. Sie hatte in dieser Hinsicht keine Angst. Weil sie eine Augenbinde trug, fürchtete ich, der Rest der Ballettklasse würde sich über sie lustig machen. Aber ich wusste nicht, wie ich Kelsey all das sagen sollte, und sie würde sowieso keine Ruhe geben; also meldete ich sie in einer Ballettschule an.

Kelsey tanzte mit Hingabe! Fiel sie hin? Natürlich. War sie unbeholfen? Sehr. Aber sie war nie befangen oder gehemmt, sie stürzte sich voll in die Sache hinein und war völlig unbeeindruckt von dem, was sie nicht konnte. Die bloße Freude am Tanzen war genug. Jeder, der Kelsey tanzen sah, ging mit etwas Besonderem weg. Sie tanzte vier Jahre lang. Sie hörte nur auf, um zu verkünden, dass sie stattdessen lieber Reitunterricht nehmen würde. Diesmal meldete ich sie an, ohne zu zögern.

In der fünften Klasse brachte Kelsey aufgeregt ein Anmeldeformular für Hallen-Basketball mit nach Hause. Das war für sie nun wirklich eine ziemliche Herausforderung. Sie konnte nur langsam laufen, sie war klein, und sie konnte immer noch lediglich eine Hand benutzen. Wieder läuteten in meinem Kopf alle Alarmglocken, aber ich hatte gelernt, sie zu ignorieren. Die Begeisterung in ihren Augen glich ganz entschieden alle Hindernisse aus, und wir meldeten sie an.

Nach dem ersten Training meinte der Trainer, er habe Angst, sie in einem Spiel einzusetzen. Als er erklärte, wie sie sich verletzen konnte, sah ich schon die Gerichtsprozesse, die in seinem Kopf herumschwirrten. Ich versuchte ihn mit dem Hinweis zu überzeugen, dass jedes Kind, das Sport treibt, Risiken eingeht, und selbst wenn das Risiko bei ihr vielleicht größer war, wurde es doch von ihrem Bedürfnis übertroffen, dazuzugehören. Nach ein paar Diskussionen und weiterem guten Zureden beschloss er, sie spielen zu lassen.

Zwei Jahre lang strengte Kelsey sich mehr an als alle anderen Mädchen in der Liga. Und obwohl sie bei einem Spiel nie einen Treffer machte, brachte sie andere Talente mit, die für ihre Mannschaft noch wertvoller waren. Im Verlauf der zwei Jahre habe ich keine einzige Spielerin gesehen, die sie als etwas anderes als einen Gewinn behandelte. Und als Kelsey nach wochenlangem Üben bei einem Training schließlich ihren ersten Treffer landete, blieben alle Mädchen auf dem Spielfeld – von *beiden* Mannschaften – stehen und applaudierten.

Wenn wir an Spieltagen am Lebensmittelladen stoppten, zog Kelsey schnell ihren Wintermantel aus und warf ihn in den Einkaufswagen. Es dauerte eine Weile, bis ich den Grund dafür begriff. Sie war so stolz auf ihr Trikot, dass sie nicht wollte, dass es unbemerkt blieb. Jetzt hatte sie nicht mehr nur ihre persönlichen Triumphe, sie gehörte außerdem zu einem Team.

Heute ist Kelsey ein glückliches, gesundes Mädchen in der siebten Klasse; immer noch nimmt sie das Leben begierig in sich auf, versucht sich an neuen Herausforderungen und bringt ihren Freunden und ihren Eltern weiterhin viel über Ausdauer, die Kraft des Glaubens und Mitgefühl bei.

Ich werde nie einen größeren Lehrer haben als dich, Kelsey.

Dauna Easley

Botschaften der Liebe

Wie tief die Liebe ist, zeigt sich erst
in der Stunde der Trennung.
KHALIL GIBRAN

Wo große Liebe ist,
geschehen immer Wunder.
WILLA CATHER

Ein Zeichen seiner Liebe

Ich hatte nicht gedacht, dass unsere Flugtickets verschieden wären: ein Rückflugticket für mich und nur ein Hinflugticket für Don. Wir befanden uns auf dem Weg nach Houston zur Herzchirurgie. Es war die dritte Operation in Dons Leben, aber ansonsten war er gesund und robust und erst einundsechzig Jahre alt. Sein Arzt war davon überzeugt, dass er diesen Herzklappenaustausch gut überstehen würde. Andere hatten zwei oder mehrere Operationen überlebt. Don würde das auch schaffen.

Der Tag der Operation kam. Ein sehr langer Tag. Nach sechs Stunden im OP kam der Arzt heraus und sagte mir, dass sie es nicht schafften, Don von der Herz-Lungen-Maschine abzunehmen. Sein Herz würde nicht wieder einsetzen. Ein Schrittmacher für die linke Herzklappe wurde eingesetzt. Nach zwei Tagen musste dieser implantierte Schrittmacher wieder entfernt werden. Don blieb fünf Tage lang im Koma und erhielt jede denkbare Überlebenshilfe. An dem Morgen, als die Ärzte ihre Köpfe schüttelten und sagten, dass es so aussehe, als würden wir die Schlacht verlieren, kam ich zur gewohnten Zeit, hielt seine Hand und sagte ihm, wie sehr ich ihn liebte, und dass ich wisse, dass er sich darum bemühte zurückzukehren, doch dass ich ihn freigeben würde, so dass er das tun könne, was immer er tun müsse. »Ich werde dich immer lieben«, sagte ich. »Ich möchte, dass du weißt, dass ich zurechtkommen werde, wenn du gehen musst.« In der Nacht starb er.

Zurück nach Hause nach Denver – mein sich liebevoll sorgender Bruder begleitete mich. Meine Kinder kamen zur Beerdigung und boten mir lieb großartige Unterstützung an. Ich war immer noch komplett orientierungslos. Ich hatte Don wieder gefunden, nachdem ich mich dreißig Jahre zuvor auf dem College von ihm getrennt hatte. Jeder von uns hatte sein eigenes Leben geführt, ich in Houston, Don in Denver. Ich war geschieden, und als ich auf einen Brief und ein Foto von diesem Freund aus der Collegezeit stieß, verspürte ich den Wunsch, ihm zu schreiben. Ein »Hallo nach dreißig Jahren«. Ich fand seinen Namen im Telefonbuch von Denver und schickte den Brief ab. Ich war gespannt. Er antwortete. Er teilte mir mit, dass seine Frau gerade gestorben sei, zwei Monate bevor mein Brief kam. Wir korrespondierten und beschlossen schließlich, uns wieder zu treffen. Wir verliebten uns auf dieselbe leichte, angenehme Art, wie wir es schon vor so vielen Jahren getan hatten. Wir heirateten im April, zwei Jahre nach unserem Wiedersehen. Ich zog nach Denver. Wir verbrachten sechs ruhige, wunderbare Jahre zusammen. Wir hatten damit gerechnet, dass uns viel, viel mehr Zeit bleiben würde.

Einen Tag vor der Beerdigung saß ich auf der Veranda hinten zum Garten hinaus und fühlte mich so, als wäre mein Leben auch vorbei. Mehr als alles andere sehnte ich mich nach der Gewissheit, dass mit Don jetzt alles in Ordnung war, dass er keine Schmerzen mehr hatte und in Frieden ruhte, und dass sein Geist immer in der Nähe sein würde. »Zeig es mir«, flehte ich. »Bitte, gib mir ein Zeichen.«

Don hatte in dem Sommer einen Rosenstrauch für mich gepflanzt, der jetzt gelbe Rosen tragen sollte. Er hatte mich immer seine »gelbe Rose aus Texas« genannt. Der Strauch enttäuschte insofern, als er in drei Monaten nicht eine einzige Knospe hervorgebracht hatte. Nun fiel mein starrer Blick auf diesen Rosenstrauch. Verwirrt und meinen Augen nicht trauend, stand ich auf und ging näher heran, um besser sehen zu können. Einer der Stiele hatte viele vollkommene Knospen, die sich gerade öffneten. Es waren sechs vollkommene gelbe Knospen, eine für jedes Jahr unseres Zusammenseins. Tränen schossen mir in die Augen, als ich »Dankeschön« flüsterte. Eine vollkommene gelbe Rosenknospe lag am nächsten Tag bei Dons Beerdigung in seiner Hand.

PATRICIA FORBES

Dem anderen Mut machen

Das ist Mut … unerschütterlich das zu ertragen, was das Schicksal bringt.

EURIPIDES

Mark war fast elf Jahre, ein schmächtiger Junge mit hängenden Schultern, als er Mojo zum ersten Mal zusammen mit seiner Mutter in die Tierklinik brachte, in der ich arbeitete. Die ausgebeulte Kleidung ließ seine Gestalt noch kleiner erscheinen, als sie war, aber unter einer abgewetzten Baseballmütze schauten aufgeweckte blaue Augen hervor. Es war klar, dass wir zuerst Marks Vertrauen gewinnen mussten, bevor wir irgendetwas für seinen Hund tun konnten. Mojo war zu diesem Zeitpunkt fast neun und damit ziemlich betagt für einen schwarzen Labrador, jedoch nicht zu alt, um noch Freude am Leben haben zu können. Dennoch sah es im Moment aus, als habe Mojo all seinen Schwung verloren.

Mark hörte aufmerksam zu, als der Tierarzt seinen Hund untersuchte. Er beantwortete Fragen und stellte selbst welche, während er die ganze Zeit über nervös eine blonde Haarsträhne, die aus seiner Mütze hing, aus dem Gesicht wischte. »Mojo wird wieder gesund, nicht wahr?«, brach es aus ihm heraus, als der Arzt gerade gehen wollte. Es gab keine Garantien, aber wenn die Blutuntersuchung erst einmal abgeschlossen war, würde der Arzt genauere

Aussagen über Mojos Zustand treffen können. Mojo war an Leber und Nieren erkrankt, und zwar im fortgeschrittenen und letztlich tödlichen Stadium. Mit guter Fürsorge würde er noch eine Weile schmerzfrei leben können, aber er würde eine besondere Diät einhalten, Medikamente nehmen und regelmäßig zu Untersuchungen kommen müssen. Der Doktor und ich wussten aus Erfahrung, dass die finanzielle Seite immer ein großes Problem darstellte, aber in dem Moment, als Euthanasie ins Gespräch kam, unterbrach uns Marks Mutter mit den Worten: »Wir lassen Mojo nicht einschläfern.« Sie zahlte sofort die Rechnung, und Mutter und Sohn führten ihren alten Hund behutsam nach draußen zum Auto, ohne sich noch einmal umzudrehen.

Wir hörten mehrere Wochen lang nichts von ihnen, aber dann waren sie eines Tages wieder da. Sie sagten, Mojo sei krank gewesen. Er hatte viel Gewicht verloren und wirkte völlig teilnahmslos. Als ich Mojo nach hinten in den Behandlungsraum führen wollte, blockierte plötzlich Marks kleiner Körper den Weg.

»Ich muss mit ihm gehen – er braucht mich«, sagte der Junge mit fester Stimme.

Ich wusste nicht, wie Mark all die Nadeln und all das Blut verkraften würde, aber ansonsten sprach nichts dagegen, dass er mit nach hinten kam. Zu meiner Überraschung verhielt sich Mark so, als habe er alles schon hundertmal vorher gesehen.

»Oh, du bist so ein tapferer alter Junge, Mojo«, flüsterte

Mark, als der Katheter in Mojos Vene eindrang. Selten zuvor hatten wir einen ähnlich kooperativen Patienten. In unbequemen Situationen bewegte er nur ein wenig seinen Kopf, so als ob er uns daran erinnern wollte, dass er noch da war. Die kleine weiße Hand, die ohne Unterlass tröstend über seine grauhaarige Kehle strich, schien ihm Kraft zu geben.

Dieses Szenario sollte sich in Zukunft noch oft wiederholen. Wir stabilisierten Mojos Gesundheit einigermaßen, schickten ihn nach Hause, er wurde erneut krank, und Mutter und Sohn brachten ihn wieder zu uns. Und wie auch immer wir Mojo behandelten, Mark war ständig anwesend, er stellte Fragen und ermahnte uns, vorsichtig zu sein. Vor allem aber ermutigte er seinen alten Freund und sorgte dafür, dass es ihm so gut wie möglich ging.

Ich machte mir manchmal Sorgen, ob es Mark nicht überforderte, alles mit ansehen zu müssen, aber jeder Vorschlag, ob er nicht lieber draußen warten wolle, wurde rundweg abgelehnt. Mojo brauche ihn.

Eines Tages sprach ich Marks Mutter an, während ihr Sohn gerade in einem anderen Zimmer war. »Sie wissen, dass sich Mojos Zustand zunehmend verschlechtert. Haben Sie jemals darüber nachgedacht, wie lange Sie die Behandlung noch fortsetzen wollen? Das Ganze scheint an Mark nicht spurlos vorüberzugehen.«

Marks Mutter hielt einen Moment inne. Dann blickte sie mich an und sprach mit fester, entschlossener Stimme: »Mojo ist schon bei uns, seit Mark noch ein Baby war. Sie sind zusammen aufgewachsen, und Mark liebt ihn über alle Maßen. Aber das ist noch nicht alles.«

Sie atmete tief durch und schaute für einen kurzen Moment weg. »Vor zwei Jahren wurde bei Mark Leukämie festgestellt. Er hat gegen diese Krankheit gekämpft und gute Chancen, wieder vollständig gesund zu werden. Er spricht jedoch niemals darüber. Er lässt die Tests und Behandlungen über sich ergehen, als seien sie nicht real und geschähen einem anderen. Was Mojo angeht, so kann er Fragen stellen, und das ist wichtig für Mark. Wir werden daher so lange um Mojo kämpfen, wie er es will.«

Die nächsten paar Wochen sahen wir das kleine Trio ziemlich häufig. Marks abrupte Fragen und Beobachtungen, die uns früher eher gestört hatten, bekamen nun eine neue Bedeutung, und wir erklärten ihm ausführlich jede Handlung, schon während wir sie ausführten. Wir fragten uns, wie lange Mojo noch so weitermachen konnte. Ein geduldigerer und gutwilligerer Patient war nur schwer vorstellbar, aber der Labrador war inzwischen schrecklich dünn und schwach. Alle Mitarbeiter der Klinik machten sich große Sorgen, ob Mark das Unausweichliche wohl verkraften würde.

Irgendwann kam der Tag, an dem Mojo vor dem geplanten Behandlungstermin zusammenbrach. Es war ein Samstag, an dem sie ihn eilig hereinbrachten. Der Warteraum war überfüllt, und so trugen wir Mojo ins Hinterzimmer und legten ihn auf ein paar dicke Decken, während Mark wie immer an seiner Seite blieb. Ich verließ das

Zimmer, um einige Dinge zu holen, und als ich ein paar Minuten später zurückkam, stand Mark weinend am Fenster, die Fäuste in den Achselhöhlen vergraben. Ich wollte ihn nicht stören, und so schlich ich lautlos aus dem Zimmer. Bis jetzt war er so tapfer gewesen. Als ich später mit seiner Mutter zurückkehrte, kniete er, nachdem seine Tränen versiegt waren, an Mojos Seite. Seine Mutter setzte sich neben ihn und legte ihren Arm um seine Schulter. »Na, wie geht es euch«, fragte sie mit sanfter Stimme.

Mark überhörte ihre Frage und sagte: »Mom, Mojo stirbt, nicht wahr?«

»Oh, Liebling …«, ihre Stimme stockte, und Mark sprach weiter, so als hätte sie ihm nicht geantwortet.

»Ich meine, all die Säfte und Pillen, helfen sie überhaupt noch?« Er schaute uns an, als wollte er von uns eine Bestätigung seiner Zweifel. »Wenn nicht«, er schluckte schwer, »dann sollten wir ihn einschläfern.«

Natürlich blieb Mark bei Mojo bis zum Ende. Er stellte Fragen, um sich selbst zu beruhigen, ob es auch wirklich das Beste für Mojo sei und sein Hund auch wirklich keine Schmerzen oder Angst dabei habe. Immer wieder strich er über Mojos Kopf, bis dieser schließlich zum letzten Mal in seinen Schoß fiel. Als Mark fühlte, wie Mojos letzter Atemzug den dünnen Rippen entwich, und als er sah, wie die gütigen braunen Augen seines geliebten Hundes verblassten, schien er alles um sich herum zu vergessen. Er weinte hemmungslos und beugte sich über Mojos leblosen Körper, während er langsam seine Mütze abnahm. Erschrocken erblickte ich die Spuren der Chemotherapie, die im krassen Gegensatz zu seinem jugendlichen Gesicht standen. Wir überließen ihn seinem Kummer.

Mark hatte uns nie etwas von seiner eigenen Krankheit oder seinen eigenen Gefühlen auf Mojos Leidensweg erzählt, aber als seine Mutter einige Monate später anrief, weil sie ein paar Fragen zu einem Welpen hatte, den sie kaufen wollte, fragte ich sie, wie es ihm gehe.

»Wissen Sie«, sagte sie daraufhin, »es war eine schreckliche Zeit für ihn, aber seit Mojos Tod hat Mark angefangen, über seinen eigenen Zustand zu sprechen. Er stellt Fragen und versucht, mehr über seine eigene Situation in Erfahrung zu bringen. Ich glaube, Mark hat dadurch, dass er sich so sehr um den todkranken Mojo gekümmert hat, viel Kraft und Mut gewonnen, um für sich selbst kämpfen und seinem eigenen Leid ins Auge sehen zu können.«

Ich hatte immer geglaubt, Mark sei wegen Mojo tapfer gewesen. Aber wenn ich mich an die ruhigen, vertrauensvollen Augen und den freundlich wedelnden Schwanz erinnere, der sich immer hin und her bewegte, egal wie schlecht es dem Hund ging, habe ich eher den Eindruck, dass Mojo wegen Mark tapfer gewesen ist.

ROXANNE WILLEMS SNOPEK RAHT

Let It Be

Am Morgen des 13. Mai 1993 telefonierte ich gerade, als meine Sekretärin mir einen Zettel gab, auf dem stand, dass meine Schwester Judy auf der anderen Leitung sei. Ich fand es merkwürdig, dass sie nicht einfach eine Nachricht für mich hinterließ, nahm aber ihren Anruf mit einem fröhlichen »Hi!« entgegen.

Ich hörte meine Schwester herzzerreißend schluchzen und um Fassung ringen, um mir mitteilen zu können, was geschehen war. Unterdessen ging mir eine ganze Litanei möglicher Tragödien durch den Kopf. War Tante Chris oder Onkel Leo etwas passiert, unseren so geliebten Ersatzeltern, die nun in den Achtzigern waren? Judys Mann war verreist. O Gott, ich hoffte, ihm war nichts zugestoßen! Vielleicht war es ja auch gar nicht so entsetzlich – vielleicht war es irgendetwas mit Judys Job.

Nichts hätte mich auf das vorbereiten können, was Judy dann endlich hervorbrachte: »O Sunny, Tommy ist heute früh bei einem Autounfall ums Leben gekommen.«

Es konnte nicht wahr sein. Tommy, mein geliebter Neffe, Judys einziger Sohn, war soeben dabei gewesen, sein vorletztes Semester an der Universität von Missouri abzuschließen. Sportlich wie er war, hatte er sich dazu entschieden, Sport-Marketing zu studieren. Seine beiden Schwestern, Jen und Lisa, verehrten ihren großen Bruder wie einen Helden. Wir alle waren von diesem großen, gut aussehenden jungen Mann mit seinem unbefangenen Lachen und sanften Wesen hingerissen. Tommy hatte noch sein ganzes Leben vor sich, und mein Inneres sträubte sich gegen die Worte, die ich gerade gehört hatte. Fast hätte ich gefragt: »Bist du dir da auch ganz sicher?«

Meine Erinnerungen an die folgenden Tage sind in einen Schleier gehüllt. Lynn, unsere andere Schwester, und ich blieben während dieser Zeit bei Judy und ihrer Familie, und wir klammerten uns alle Hilfe suchend aneinander. Ich weiß nicht, was mehr schmerzte – der Verlust von Tommy oder das tapfere Verhalten meiner Schwester, deren Welt zusammengebrochen war.

Der Tag, an dem wir die Beerdigung organisieren mussten, war besonders hart. Keine Mutter sollte je die schreckliche Aufgabe übernehmen müssen, einen Sarg für ihr Kind auszusuchen. Judy hatte sich so sehr gewünscht, ihren Jungen noch ein letztes Mal zu sehen, seine Hand zu berühren oder sein Haar zurückzustreichen. Aber der Chef des Bestattungsunternehmens erklärte uns, dass das nicht möglich sei. Ihre Abschiedsworte mussten an den liebevoll ausgewählten Sarg gerichtet werden.

Am gleichen Nachmittag stand ich im Garten des Hauses meiner Schwester und bat meinen Neffen, uns ein Zeichen zu schicken, dass er okay war … uns irgendwie wissen zu lassen, dass er zu etwas noch Wunderbarerem übergegangen war als das Leben, das wir uns hier für ihn vorgestellt hatten. »Lieber, kannst du uns wissen lassen, dass es dir gut geht?«

Ich kann nicht behaupten, dass ich an solche Dinge wie »Zeichen« glaubte. Aber wenn das Herz so voller Schmerz ist, sucht es auf seine eigene Weise Trost. Tommys Lieblingsbaseballteam waren die St. Louis Cardinals, und so bat ich ihn, uns einen Kardinalsvogel zu schicken. Wenn ich an diesen Augenblick zurückdenke, als ich in dem von Erinnerungen an Tommys Kindheit so erfüllten Garten stand, war es eigentlich nicht mehr als ein flüchtiger Gedanke. »Bitte lass uns wissen, dass du okay bist. Ein Kardinal wird das Zeichen sein, auf das ich warte.«

Judy hatte dafür gesorgt, dass die Beerdigung ihres Sohnes zugleich zu einer Feier seines Lebens wurde. Auf meine Bitte hin wurde Paul McCartneys wunderschöner Song »Let It Be« gespielt. Tommys Cousins fungierten als Messdiener und lasen tapfer aus der Bibel vor. Der junge Priester, der die Messe hielt, kämpfte während des ganzen Vormittags mit den Tränen.

In einem bestimmten Augenblick – der Priester hatte innegehalten, um die Fassung wiederzugewinnen – begann irgendwo draußen ein Vogel zu singen. Es war ein lauter, eindringlicher Gesang, der während des restlichen Gottesdienstes andauerte.

Doch erst später am Nachmittag begriffen wir Tommys Botschaft. Ein enger Freund rief an, um zu sagen, wie schön die Messe gewesen war, und fügte dann hinzu: »Als dieser Vogel laut zu singen begann, drehte ich mich um und sah einen herrlichen Kardinal am Fenster der Kirche sitzen!«

Ich hatte mein Zeichen bekommen.

Zwei Wochen später kam Paul McCartney zu einem Konzert anlässlich des 30. Mai, des Gedenktags an die gefallenen Soldaten, in unsere Stadt. Wir hatten bereits Karten für Tommy und einige andere Familienmitglieder besorgt gehabt und beschlossen, wie geplant dorthin zu gehen. Am Morgen des Konzerttages hörte meine Schwester Lynn, die sich gerade anzog, um zur Arbeit zu gehen, und ihren üblichen Radiosender eingeschaltet hatte, wie sich zwei Diskjockeys über das Interview unterhielten, das sie von dem berühmten ehemaligen Beatle zu bekommen hofften.

Ohne nachzudenken, tat sie etwas für sie völlig Untypisches: Sie rief beim Radiosender an und begann Tommys tragische Geschichte und unser Leid zu schildern und erzählte von seiner großen Liebe zu den Beatles. Ob sie die Geschichte an Paul weiterleiten könnten? Man konnte Lynn nichts versprechen, wollte aber zusehen, was sich machen ließ.

Am Abend versammelten wir uns alle in der klaren, frischen Nachtluft, schmiegten uns aneinander, um uns zu wärmen, und warteten auf den Beginn des Open-air-Konzerts. Es waren über dreißigtausend Menschen gekommen. Paul McCartney eröffnete das Konzert mit einem Song vor dem Hintergrund eines riesigen Feuerwerks. Als er geendet hatte, wartete er, bis es still wurde, und sagte dann: »Ladies und Gentlemen, mein nächster Song gilt einer ganz bestimmten Familie unter Ihnen. Dies ist für

Tommys Familie.« Und dann sang Paul McCartney für meine beiden Schwestern, meine Neffen und Nichten und mich »Let It Be«.

Und während wir Arm in Arm und mit tränenüberströmten Gesichtern dastanden, wurden Kerzen entzündet, und andere kleine Lichter flammten in der Menge des Publikums auf. Dies galt uns allen, vor allem aber unserem Tommy.

K. Lynn Towse und Mary L. Towse

Die Stimme eines Bruders

Die meisten Menschen haben etwas, das sie inspiriert. Vielleicht sind es die Worte von jemandem, den man respektiert, oder eine bestimmte Erfahrung. Was auch immer diese Inspiration sein mag, sie hilft einem meist dabei, das Leben aus einer anderen Perspektive zu betrachten. Meine Inspiration war meine Schwester Vicki, eine liebenswürdige und feinfühlige Person. Sie strebte weder nach Auszeichnungen noch danach, dass in der Zeitung über sie geschrieben wurde. Ihr genügte es, ihre Liebe mit all den Menschen zu teilen, die ihr am Herzen lagen: ihre Familie und ihre Freunde.

Im Sommer vor meinem Junior-Jahr auf dem College rief mein Vater mich an und sagte, dass Vicki ins Krankenhaus gebracht worden sei. Sie war zusammengebrochen, und die rechte Seite ihres Körpers war gelähmt. Die erste Vermutung war, dass sie einen Schlaganfall erlitten hatte. Aber die Untersuchungsergebnisse zeigten, dass die Situation weitaus ernster war. Ein bösartiger Gehirntumor war die Ursache ihrer Lähmung. Die Ärzte gaben ihr nur noch drei Monate zu leben. Wie konnte das nur geschehen? Am Tag zuvor war Vicki noch völlig in Ordnung gewesen. Nun schien ihr Leben plötzlich und unerwartet in jungen Jahren zu enden.

Nachdem ich den ersten Schock und das Gefühl der Leere überwunden hatte, kam ich zu dem Entschluss, dass Vicki Hoffnung und Ermutigung brauchte. Sie brauchte jemanden, der sie dabei unterstützte, dieses Hindernis zu überwinden. So wurde ich Vickis Coach. Jeden Tag visualisierten wir, wie sich der Tumor zurückbildete, und wir sprachen nur noch über positive Dinge. Ich heftete sogar ein Schild an ihre Krankenhauszimmertür, auf dem stand: »Wenn du negative Gedanken hast, lass sie draußen.« Ich war entschlossen, Vicki dabei zu helfen, den Tumor zu besiegen. Wir trafen ein Abkommen, das wir »Fifty-Fifty« nannten. Ich übernahm fünfzig Prozent des Kampfes und Vicki die anderen fünfzig.

Der August kam und mit ihm der Zeitpunkt, dreitausend Meilen entfernt mit dem College zu beginnen. Ich war unsicher, ob ich abreisen oder bei Vicki bleiben sollte, und machte den Fehler, ihr zu erzählen, dass ich vielleicht nicht zum College aufbrechen würde. Sie wurde wütend und sagte, ich solle mir keine Sorgen machen, sie werde schon allein zurechtkommen. Da lag Vicki in einem Krankenhausbett und erzählte mir, ich solle mir keine Sorgen machen. Ich sah, dass mein Bleiben die Botschaft aussenden könnte, sie werde bald sterben, und ich wollte auf keinen Fall, dass sie das glaubte. Vicky sollte fest daran glauben, dass sie den Tumor besiegen könne.

Es fiel mir sehr schwer, am letzten Abend vor dem Abflug Abschied von ihr zu nehmen im Bewusstsein, sie vielleicht das letzte Mal zu sehen. Auf dem College habe ich dann niemals aufgehört, meine fünfzig Prozent für sie zu kämpfen. Jede Nacht vor dem Schlafengehen sprach ich im Geiste mit Vicki, in der Hoffnung, dass sie mich irgendwie hören würde. Ich sagte: »Vicki, ich kämpfe für dich und werde dich niemals im Stich lassen. Wenn auch du nicht aufhörst zu kämpfen, werden wir den Tumor besiegen.«

Ein paar Monate waren vergangen, und sie hielt immer noch durch. Ich sprach mit einer älteren Freundin, und sie erkundigte sich nach Vickis Befinden. Ich erzählte ihr, dass sich Vickis Zustand verschlechterte, sie aber nicht aufgab. Meine Freundin stellte mir daraufhin die Frage, die mich wirklich nachdenken ließ. Sie fragte: »Hast du mal daran gedacht, dass sie vielleicht deshalb nicht loslässt, weil sie dich nicht hängen lassen will?«

Vielleicht hatte sie Recht? Vielleicht ermutigte ich Vicki nur aus egoistischen Motiven? Bevor ich an jenem Abend zu Bett ging, sagte ich zu meiner Schwester: »Vicki, ich verstehe, dass du große Schmerzen hast und vielleicht alles hinter dir lassen willst. Wenn du das möchtest, dann möchte ich es auch. Wir haben bislang nicht verloren, weil du nie aufgehört hast zu kämpfen. Wenn du zu einem besseren Ort überwechseln willst, habe ich Verständnis dafür. Irgendwann werden wir wieder zusammen sein. Ich liebe dich und werde immer dort sein, wo du bist.«

Früh am nächsten Morgen rief mich meine Mutter an, um mir zu sagen, dass Vicki gegangen sei.

James Malinchak

Eine Überraschung für Mutter

Am ersten Weihnachtsfeiertag herrschte in meinem Elternhaus immer eine ganz besonders schöne und intensive familiäre Stimmung. Der Geruch von gebratenem Truthahn, nach Südstaatenart gebackenem Schinken und selbst gebackenem Brot hing in der Luft. Überall standen Tische und Sessel, um den Enkeln, Kindern, Eltern und Großeltern Platz zu bieten. Jedes Zimmer war reich geschmückt. Keiner von uns hatte je den ersten Weihnachtsfeiertag im Kreis der Familie verpasst.

Dieses Jahr jedoch war es anders. Unser Vater war am 26. November gestorben, und dies war unser erstes Weihnachten ohne ihn. Mutter spielte die Gastgeberin, so gut es ging, aber ich konnte nur zu deutlich erkennen, dass es ihr ausgesprochen schwer fiel. Ich hatte einen Kloß im Hals und fragte mich ständig, ob ich ihr mein Weihnachtsgeschenk geben sollte oder ob es unpassend geworden war.

Ein paar Monate zuvor hatte ich zwei Gemälde beendet, auf denen ich meine Eltern jeweils einzeln porträtiert hatte. Ich hatte vorgehabt, ihnen die Bilder zu Weihnachten zu schenken. Alle würden staunen, denn ich hatte mich bisher noch niemals ernsthaft mit Malerei beschäftigt. Doch ich war einem starken inneren Drang gefolgt, der mich diese Bilder malen ließ. Die Porträts glichen meinen Eltern, aber in Bezug auf meine Maltechniken war ich unsicher.

An dem Tag, an dem ich die Bilder beendete, läutete es überraschenderweise an der Tür. Schnell räumte ich meine Malutensilien weg und öffnete. Gemächlich trat mein Vater ein – zu meiner Verwunderung allein: Er hatte mich bisher noch nie ohne meine Mutter besucht. Grinsend sagte er: »Mir fehlen unsere Unterhaltungen frühmorgens. Du weißt schon, unsere regelmäßigen Plaudereien – bis du dann beschlossen hast, mich wegen eines anderen Mannes zu verlassen!« Ich war noch nicht lange verheiratet. Zudem war ich das einzige Mädchen und das Nesthäkchen der Familie.

Ich wollte ihm die Gemälde zeigen, allerdings widerstrebte es mir, ihm seine Weihnachtsüberraschung zu verderben. Doch irgendetwas drängte mich dazu, es doch zu tun.

Nachdem ich ihn hatte schwören lassen, nichts zu verraten, verlangte ich, dass er die Augen schließen solle. Ich stellte die Porträts auf die Staffeleien: »Okay, Daddy, jetzt darfst du schauen!«

Er war augenscheinlich verwirrt, sagte aber nichts. Er stand auf und ging näher heran, dann trat er zurück, um die Bilder aus größerer Entfernung zu betrachten. Ich versuchte, meine Nervosität zu verbergen. Während ihm eine verstohlene Träne die Wange hinabrollte, murmelte er schließlich: »Ich kann's nicht glauben. Die Augen sind so echt, dass sie einem überallhin folgen – und schau nur, wie schön deine Mutter ist. Erlaubst du mir, dass ich die Bilder rahmen lasse?«

Entzückt von seiner Reaktion, erklärte ich mich bereit, sie am nächsten Tag im Rahmengeschäft abzuliefern.

Mehrere Wochen vergingen. Dann läutete eines Nachts das Telefon, und als ich den Hörer abhob, hörte ich meinen Mann, der Arzt ist, sagen: »Ich bin in der Notaufnahme. Dein Vater hatte einen Schlaganfall. Es steht schlimm, aber er lebt noch.«

Daddy lag mehrere Tage lang im Koma. Am Tag vor seinem Tod war ich bei ihm. Ich ließ meine Hand in seine gleiten und fragte: »Weißt du, wer ich bin, Daddy?« Er setzte alle in Erstaunen, als er flüsterte: »Du bist meine geliebte Tochter.« Am nächsten Tag starb er.

Schließlich dachte ich daran, wegen der Bilder im Rahmengeschäft anzurufen, und dankte Gott, dass mein Vater die Chance bekommen hatte, die Porträts zu sehen, bevor er starb. Zu meiner Überraschung sagte mir der Ladenbesitzer, mein Vater habe den Laden aufgesucht, die Rahmung bezahlt und die Bilder zusammen als Geschenk verpacken lassen. Bei all unserem Kummer hatte ich nicht mehr beabsichtigt, meiner Mutter die Porträts zu schenken.

Obwohl wir das Oberhaupt unserer Familie verloren hatten, waren alle am ersten Weihnachtsfeiertag versammelt, und jeder gab sich Mühe, fröhlich zu sein. Angesichts des traurigen Blicks und der ernsten Miene meiner Mutter beschloss ich schließlich, ihr das Geschenk von Daddy und mir zu geben. Während sie das Paket auspackte, war sie offensichtlich nicht mit dem Herzen dabei. Drinnen war eine kleine Karte an den Bildern befestigt.

Nachdem sie die Porträts betrachtet und die Karte gelesen hatte, veränderte sich ihr gesamtes Verhalten. Sie sprang auf, reichte mir die Karte und beauftragte meine Brüder, die Gemälde über dem Kamin aufzuhängen, und zwar so, dass sie einander zugewandt waren. Sie trat zurück und schaute lange hin. Mit funkelnden, schwimmenden Augen und einem breiten Lächeln drehte sie sich abrupt um und sagte: »Ich wusste, dass Daddy am ersten Weihnachtsfeiertag bei uns sein würde!«

Ich warf einen schnellen Blick auf die mit der Handschrift meines Vaters bekritzelte Geschenkkarte. »Mutter – Unsere Tochter hat mich daran erinnert, warum ich mich so glücklich schätzen darf. Ich werde dich immer ansehen – Daddy.«

Sarah A. Rivers

In seinem Herzen eingraviert

Es war direkt vor Weihnachten. Mein Mann Dan und ein Freund von ihm, Mike, waren zu einem nicht weit von unserem Zuhause in Südkalifornien gelegenen Canyon aufgebrochen, um nachzusehen, ob die vor einigen Monaten infolge eines Feuers zerstörte Vegetation wieder nachgewachsen war. Dan und Mike gehörten beide der kalifornischen Native Plant Society an, einer Gesellschaft zum Schutz der einheimischen Pflanzenwelt. Sie waren richtige »Pflanzenjäger«, immer auf der Suche nach neuen Pflanzen, die sie in den Canyons und den Bergen in der Umgebung fotografieren konnten.

An jenem Tag entschloss Dan sich nach Mikes Aussage zu einer »Forschungstour im Alleingang«, er wollte zum Laguna Canyon, einem etwas abgelegeneren Gebiet in einer Zone, die nicht häufig erforscht wurde. Er war einige Meilen in den Canyon hineingewandert, hatte ein paar Fotos geschossen und wollte sich wieder auf den Rückweg zu seinem Geländewagen machen, als er auf ein mit Wasser durchtränktes Stück Erde trat, das nachgab. Er rutschte zehn Meter tief einen steilen Abhang hinunter und schlitterte gegen mehrere Bäume, bevor er auf einem Felsvorsprung landete. Er wusste sofort, dass mit seinem linken Bein etwas Schreckliches passiert war. Es lag »unmöglich abgewinkelt« über seinem anderen Bein.

Der Sturz überraschte und verwirrte Dan. Er brauchte

eine Weile, bis er erkannte, dass seine Verletzung zu ernst war, um weiterzulaufen. Dann sah Dan sich in ernsten Schwierigkeiten. Die Nacht würde bald hereinbrechen, und keine Menschenseele wusste, wo er sich befand. Er musste auf einen Hauptpfad gelangen, sonst würde er wahrscheinlich an Ort und Stelle sterben, bevor ihn irgendjemand finden könnte. Er befestigte das gebrochene Bein an dem gesunden und stützte sein Gewicht auf seine Hände. Dann begann er, Zentimeter um Zentimeter durch den Canyon zu robben.

Dan kam nur langsam und unter großen Schmerzen voran; er legte oft eine Pause ein und rief um Hilfe. Als einzige Antwort hörte er den unheimlichen Klang seiner eigenen Stimme, die von den Wänden des Canyons widerhallte. Als die Sonne unterging, fiel die Temperatur ab. In den Bergen war es in der Nacht kalt, und Dan wusste, dass er wahrscheinlich das Bewusstsein verlieren würde, wenn seine Pausen zu lang wurden. Es wurde immer schwieriger für ihn, aber Dan zwang sich, seinen schmerzenden Körper nach jeder Ruhepause wieder auf seinen geschundenen Händen weiterzuschleppen. Diese schreckliche Reise setzte er weitere zwölf Stunden lang fort.

Schließlich verließen ihn seine Kräfte und seine Entschlossenheit. Er war bis zum Äußersten erschöpft und konnte sich keinen Zentimeter weiter fortbewegen. Obwohl es hoffnungslos zu sein schien, nahm er alle seine Kraft zusammen und rief wieder um Hilfe.

Er war erstaunt, als Antwort auf sein Rufen eine Stimme zu hören. Eine richtige Stimme, kein weiteres höhnisches, leeres Echo. Es war Dans Stiefsohn – mein Sohn Jeb. Wir beide waren dort draußen mit der Polizei und dem Rettungsdienst, die nach Dan suchten.

Als Dan nicht nach Hause gekommen war, war ich beunruhigt und rief bei Mike an. Zuerst versuchte Mike selbst, Dan zu finden; er fuhr von einem Canyon zum anderen und hielt nach Dans Wagen Ausschau. Schließlich rief er die Polizei an und meldete Dan als vermisst.

Ich blieb bis zu dem Augenblick stark und ruhig, als Jeb sagte, er habe Dans Stimme gehört. Dann brach ich in Tränen aus; die Angst und die Sorge, die ich seit Stunden verdrängt hatte, kamen nun an die Oberfläche. Die Rettungsmannschaft brauchte über zwei Stunden, um Daniel aus der Schlucht zu holen. Danach trugen die Rettungssanitäter ihn auf einer Bahre fort, und als ich ihn im Krankenhaus sehen durfte, liefen mir erneut die Tränen über das Gesicht. Der Gedanke, wie nahe daran ich gewesen war, diesen wundervollen Mann zu verlieren, öffnete alle Schleusen. Erst als ich Dans Arme um mich herum fühlte, hörte ich schließlich auf zu schluchzen.

Als ich im Krankenhaus neben seinem Bett saß, konnte ich meinen Blick nicht von seinem Gesicht abwenden, einem Gesicht, von dem ich gefürchtet hatte, es nie wieder zu sehen, und Dan erzählte mir seine Geschichte. Unmittelbar nach seinem Abrutschen im Canyon, als ihm der Ernst seiner misslichen Lage bewusst wurde, so erzählte Dan, dachte er an mich und daran, wie sehr ich ihm fehlen würde, wenn er es nicht schaffte zurückzukommen. Als er auf dem Boden eines rauen Felsens lag, tastete er so lange um sich herum, bis er einen geeigneten Stein fand. Mithilfe dieses scharfkantigen Steines gelang es ihm, eine Nachricht für mich in einen großen Stein, der neben ihm lag, zu ritzen. Wenn das Schlimmste passieren würde, dann hoffte er, dass ich am Ende den Stein sehen würde und wüsste, dass er mich in seinem Herzen festgehalten hatte und ich immer bei ihm gewesen war.

Ich fing wieder fürchterlich an zu weinen. Ich wusste, welche tiefe Liebe ich für meinen Mann empfand, doch auf die Tiefe seiner Liebe zu mir, darauf war ich nicht vorbereitet.

Tief in den bewaldeten Bergen des Laguna Canyons liegt ein großer Stein, in den auf einer Seite ein Herz geritzt ist, und in diesem Herzen stehen die Worte »Elizabeth, ich liebe dich.«

Elizabeth Songster

Ein Fund zur rechten Zeit

> Die, die über die Welt hinaus lieben,
> können nicht von ihr getrennt werden.
> Der Tod kann nicht töten, was nie stirbt.
>
> William Penn

Die Interstate 40 zog sich endlos vor mir hin. Ich kam vom ersten Familientreffen ohne Bob zurück; es war Juni 1995. Erinnerungen an unsere kurze neunjährige Ehe durchfluteten mich.

Wir hatten beide für die Sozialversicherungsbehörde gearbeitet und vor drei Jahren Posten bei einer Außenstelle in Oklahoma City angenommen; wir hatten diese Versetzung gebraucht, damit es mit unserer Karriere weiterging. Im Februar 1995 wurde ich wegen einer Beförderung zu einem zehnwöchigen Fortbildungskurs nach Dallas/Texas geschickt; der Kurs wurde unterbrochen durch die Nachricht, dass das Alfred-P.-Murray-Gebäude in Oklahoma City von einer Bombe in die Luft gesprengt worden war.

Mein Bob war in diesem Gebäude gewesen.

Als Bob und ich uns kennen lernten, stellte er gerade eine Liebeslieder-Kassette mit dem Titel »Zwanzig Jahre lieb' ich dich« zusammen; die einzelnen Stücke entnahm er Alben und Singles, die er bei Bekannten auslieh. Einige von ihnen waren ungebundene Frauen, die ihre eigenen

Pläne verfolgten. Ich bot ihm an, er könne meine Plattensammlung benutzen, und bat ihn, mein Lieblingslied mit aufzunehmen, Stevie Wonders »I Just Called to Say I Love You« (Ich hab' abgerufen, um dir zu sagen, dass ich dich liebe).

Als Bob die Kassette fertig hatte, hatten wir uns seit ein paar Wochen regelmäßig getroffen. Eines Samstags rief er an und sagte, er habe eine Überraschung für mich. Als ich ins Auto stieg und wir zum Highway unterwegs waren, nahm er eine Kassette heraus und schob sein fertiges Band in den Recorder. Aus dem Lautsprecher kam meine eigene Stimme – übernommen von einer Nachricht, die ich einmal auf seinem Anrufbeantworter hinterlassen hatte – und sagte: »Ich hab nur angerufen ...« Diese Worte gingen dann in die Musik von Stevie Wonder über. »Die ist speziell für dich«, sagte er.

Bei der Erinnerung traten mir die Tränen in die Augen. Ich war jetzt kurz vor der Staatsgrenze von Oklahoma und sah zufällig das Schild »Oklahoma Service-Center – 50 Meilen – Ausfahrt 287«. Mir fiel ein, dass Bob und ich immer schon dort anhalten wollten, wenn wir von den Treffen mit seiner Familie zurückfuhren, es aber nie getan hatten. Wir hatten schon ein oder zwei Ausfahrten vorher voll getankt, wir waren müde gewesen und wollten einfach nach Hause kommen. »Diesmal«, beschloss ich, »werde ich anhalten.«

Während ich so dahinfuhr, schweiften meine Gedanken hierhin und dorthin; wie sollte ich es je ohne Bob schaffen – meinen großen, starken Mann, dessen tröstende Arme mich festgehalten hatten, wenn ich weinte, dessen Humor meinen Ärger hatte dahinschmelzen lassen, und des- sen Abenteuerlust unser beider Leben bereichert hatte. Die Tränen liefen mir über die Wangen, während ich weiter fuhr. Plötzlich sah ich das Schild »Ausfahrt 287«. Mist! Ich war am Service-Center vorbeigefahren. Na ja, vielleicht nächstes Mal.

Genauso plötzlich, wie ich die Entscheidung zum Weiterfahren getroffen hatte, beschloss ich, doch hinzufahren! Ich riss den Wagen im letzten Augenblick herum und fuhr dem Wegweiser nach. Als ich die Hauptstraße erreichte, erkannte ich, dass ich auf einer Schnellstraße war – keine Abfahrten für was weiß ich wie viele Meilen. Ich suchte nach einer Stelle, an der der Mittelstreifen flach war, fuhr – ohne Rücksicht auf die eventuell beobachtende Polizei – auf die Gegenfahrbahn und dann zurück Richtung Service-Center.

Wie erwartet, glich es den vielen anderen, an denen Bob und ich auf unseren Reisen angehalten hatten: Es bot eine Mischung von Waren aus dem Südwesten und Souvenirs. Als ich durch den Laden wanderte, kam ich zu einer Bettkonstruktion aus Schmiedeeisen und Holz, auf der indianische Decken, stachelige Kakteen und zu Zöpfen zusammengebundene rote und grüne Peperoni ausgestellt waren.

Neben dem Bett stand ein kleiner Tisch mit indianischen Vasen, zarten Wüstenblumen und einem heulenden Kojoten mit Halstuch. Dazwischen versteckte sich unauffällig ein kleines altmodisches Telefon aus Holz mit einer geschnitzten Sprechmuschel und einer Drehwählscheibe; der Hörer, der auf der schwarzen Gabel lag, war über eine dünne schwarze Schnur mit dem Apparat verbunden. Mein erster Gedanke war: »Komisch. Alles andere hier ist absoluter Südwesten. Das Telefon sieht aus, als würde es nicht hierher gehören.« Ich nahm es in die Hand und hob den Hörer ans Ohr.

Vom Boden des Geräts erklang Musik. Tränen stiegen mir in die Augen und liefen mir über die Wangen. Wärme durchflutete mich, während ich da stand und schluchzend das Telefon umklammerte; die anderen Kunden, die vorsichtig um mich herumwanderten, hatte ich vollkommen ausgeblendet. Das Lied, das ich hörte, war »I Just Called to Say I Love You«.

Als ich zur Kasse ging, um meinen gerade gefundenen Schatz zu bezahlen, bezweifelte ich nicht mehr, dass ich es schaffen konnte. Ich war nicht allein; gerade hatte mein Bob angerufen, um mir zu sagen, dass er mich liebt.

Judy Walker

Zu seiner Wahrheit finden

Finde heraus, was du tun willst,
und tu es dann aus vollem Herzen.
BUDDHA

Der Junge, der mit Delfinen redete

Es begann als tiefes Rumpeln, das die vormorgendliche Stille erschütterte. An jenem Morgen im Januar 1994 wurde das Gebiet um Los Angeles von einem der schlimmsten Erdbeben in seiner Geschichte heimgesucht.

Zwanzig Meilen nördlich der Stadt waren im Themenpark Six Flags Magic Mountain drei Delfine völlig ihrem Schicksal überlassen. Sie schwammen entsetzt im Kreis herum, als schwere Betonpfeiler neben ihrem Pool zusammenbrachen und Dachziegel ins Wasser krachten.

Vierzig Meilen weiter südlich wurde der sechsundzwanzigjährige Jeff Siegel von einem dumpfen Schlag aus dem Bett geworfen. Als er die wankenden Mauern sah, schossen ihm sofort Gedanken an die Wesen in den Kopf, die ihm am meisten bedeuteten. *Ich muss so schnell wie möglich zu den Delfinen,* dachte er. *Sie haben mich gerettet, und nun brauchen sie dringend meine Hilfe.*

Wer Jeff von Kindesbeinen an kannte, konnte sich keinen untypischeren Helden vorstellen.

Jeff Siegel kam als hyperaktives Kind zur Welt. Er war fast taub und hatte starke Koordinationsprobleme. Da er seine Mitmenschen nicht richtig verstehen konnte, entwickelte er eine schwere Sprachbehinderung, die es anderen fast unmöglich machte, ihn zu verstehen. In der Vorschule wurde der kleine blonde Junge von den anderen Kindern als »behindert« verspottet.

Auch sein Elternhaus gab ihm keine Sicherheit, denn Jeffs Mutter war vollkommen überfordert mit ihm. Ihre eigenen Eltern waren streng und autoritär, und so neigte auch sie zu Perfektionismus und kam mit seiner Andersartigkeit nicht zurecht. Sie wollte einfach nur, dass ihr Sohn sich anpasste und keine Schwierigkeiten bereitete. Sein Vater war Polizist, und sie wohnten in Torrance, einem Stadtteil von Los Angeles, in dem vor allem Menschen aus der Mittelschicht lebten. Um genug Geld zu verdienen, hatte der Vater noch einige Nebenjobs und war daher oft sechzehn Stunden am Tag außer Haus.

Der erste Tag in der Vorschule machte dem fünfjährigen Jeff so viel Angst, dass er über den Schulhofzaun kletterte und nach Hause rannte. Seine Mutter war wütend und schleifte ihn auf der Stelle zurück in die Schule. Dort angekommen, zwang sie ihn, sich vor der ganzen Klasse bei der Lehrerin zu entschuldigen. Die falsch betonten und kaum verständlichen Worte, die aus ihm herausgepresst wurden, machten ihn sofort zum Gespött seiner Kameraden. Um sich vor der feindlichen Welt zu schützen, hielt sich Jeff meistens in abgelegenen Ecken des Spielplatzes auf. Zu Hause versteckte er sich in seinem Zimmer und träumte von einer Welt, in der er so akzeptiert wurde, wie er war.

Im Alter von neun Jahren machte Jeff eines Tages mit der vierten Klasse einen Ausflug zum Vergnügungspark Marineland in Los Angeles. Als er die Delfinshow sah, war er wie elektrisiert von der Ausstrahlung und der überschwänglichen Freundlichkeit dieser wundervollen Tiere. Es schien, als lächelten sie ihn direkt an, was eine ganz neue Erfahrung für ihn war. Der Junge saß wie angewurzelt auf der Zuschauertribüne. Die Gefühle überwältigten ihn, und er verspürte den starken Wunsch zu bleiben.

Am Ende des Schuljahres kamen Jeffs Lehrer zu dem Schluss, dass er emotional gestört und lernunfähig sei. Ein Test im nahe gelegenen Switzer-Zentrum für behinderte Kinder erbrachte ein Ergebnis, das zwischen durchschnittlich und begabt lag. Da er aber voller Angst war, führte der Mathematiktest zu einer Einstufung an der Grenze zur leichten Behinderung. Er wechselte also von der öffentlichen Schule zum Behinderten-Zentrum. Im Laufe der nächsten zwei Jahre ließ seine Angst nach, und seine schulischen Leistungen verbesserten sich schlagartig.

Zu Beginn der siebten Klasse musste er gegen seinen Willen wieder zur öffentlichen Schule überwechseln. Die Testergebnisse erbrachten nun einen Intelligenzquotienten von über 130, den nur wenige erreichten. Die jahrelange Sprachtherapie hatte sein Ausdrucksvermögen deutlich verbessert. Aber für seine Mitschüler war Jeff immer noch das gleiche Opfer.

Die siebte Klasse sollte zum schlimmsten Jahr in seinem Leben werden – bis zu dem Tag, als er mit seinem Vater den Wasserzoo Sea World in San Diego besuchte. Kaum hatte der Junge die Delfine zu Gesicht bekommen, blühte er auf. Er stand wie gebannt, während die geschmeidigen Meeressäuger an ihm vorbeiglitten.

Jeff suchte sich einen Job, um genug Geld zu verdienen für eine Jahreskarte des Marinelands, das nicht weit von seinem Zuhause entfernt war. Bei seinem ersten Besuch ohne Begleitung setzte er sich auf die niedrige Mauer, die das Delfinbecken umgab. Es dauerte nicht lange, und die Delfine, an fütternde Besucher gewöhnt, näherten sich dem erstaunten Jungen. Der erste, der angeschwommen kam, war Grid Eye, das dominante Weibchen im Becken. Der 650 Pfund schwere Delfin schwamm direkt auf Jeff zu und verweilte bewegungslos vor ihm im Wasser. *Ob ich sie wohl berühren kann?*, fragte er sich und hielt seine Hand ins Wasser. Als er die weiche Haut des Delfins streichelte, kam Grid Eye noch näher. Für den Jungen war diese Begegnung ein Moment purer Ekstase.

Die kontaktfreudigen Tiere wurden für Jeff schnell die Freunde, die er niemals gehabt hatte. Und da das Delfinbecken ein wenig abseits lag, war Jeff oft mit den verspielten Geschöpfen allein.

Eines Tages glitt Sharky, ein junges Weibchen, knapp unterhalb der Wasseroberfläche heran, bis sich ihre Schwanzflosse in Jeffs Hand befand. *Was nun?*, wunderte sich Jeff. Plötzlich tauchte Sharky mit ihrem Schwanz ein wenig ins Wasser, wobei sie Jeffs Hand und Arm unter Wasser zog. Er lachte und zog seinerseits, ohne loszulassen. Der Delfin tauchte nun erneut, diesmal tiefer. Jeff zog stärker zurück. Es war wie Tauziehen.

Wenn Sharky an die Oberfläche kam, um zu atmen, schauten sich Junge und Delfin für einen kurzen Moment an. Jeff lachte dabei, und der Delfin grinste mit offenem Maul. Dann schwamm Sharky einen Kreis und legte ihren Schwanz wieder in Jeffs Hand, um das Spiel erneut zu beginnen.

Der Junge spielte oft mit den drei- bis achthundert Pfund schweren Tieren Fangen, wobei Jeff und die Delfine um das Becken herumjagten, um einen vorher festgelegten Punkt anzuschlagen oder einander mit Flosse und Hand klatschend zu berühren. Für Jeff waren die Spiele Ausdruck einer magischen Verbindung, die nur er zu den Tieren hatte.

Selbst wenn im Sommer fünfhundert Menschen um das Becken versammelt waren, erkannten die geselligen Tiere ihren Freund und schwammen zu ihm, wenn er seine Hand im Wasser bewegte. Die Zuneigung der Delfine stärkte Jeffs Selbstvertrauen, und so kam er immer mehr aus seiner dunklen Höhle hervor. Er besuchte einen Kurs im nahe gelegenen Aquarium und verschlang Bücher über Meeresbiologie. So wurde er zu einer wandelnden Enzyklopädie über Delfine, und zum Erstaunen seiner Familie verbesserte er sein Artikulationsvermögen so, dass er ehrenamtlicher Führer im Marineland werden konnte.

1983 verfasste Jeff einen Artikel für die Zeitschrift der American Cetacean Society, in dem er seine Erfahrungen mit den Delfinen von Marineland beschrieb. Was daraufhin geschah, traf ihn wie ein Schlag. Die Geschäftsleitung von Marineland war so entsetzt über das Ausmaß seiner Spiele mit den Delfinen, ohne dafür die Erlaubnis von der

Leitung des Vergnügungsparks zu haben, dass sie ihm kurzerhand den Besucherpass abnahm. Jeff war geschockt.

Jeffs Eltern hingegen waren auf ihre Art erleichtert, denn sie sahen keinen Sinn darin, dass ihr missratener Sohn so viel Zeit mit den Delfinen verbrachte. Ihre Einstellung änderte sich jedoch an einem Tag im Juni 1984, als Bonnie Siegel plötzlich einen Anruf erhielt. Am Abend fragte sie ihren Sohn: »Hast du an irgendeinem Wettbewerb teilgenommen?«

Verschämt gestand Jeff, dass er sich mit einem Aufsatz um das begehrte Earthwatch-Stipendium im Wert von über zweitausend Dollar beworben hatte. Der Gewinn war ein einmonatiger Aufenthalt auf Hawaii bei Delfinexperten. Als er seiner Mutter die Einzelheiten dargelegt hatte, erwartete er, dass sie schimpfen würde. Aber sie sagte nur ruhig: »Nun gut, du hast gewonnen.«

Jeff machte vor Freude einen Luftsprung. Und was das Beste war: Seine Eltern hatten begriffen, dass er der Verwirklichung seines Traums, seine Liebe zu den Delfinen mit anderen zu teilen, einen Schritt näher gekommen war.

Jeff war einen Monat auf Hawaii und brachte den Delfinen bestimmte Abläufe bei, um ihr Gedächtnis zu testen. Im Herbst erfüllte er eine weitere Bedingung, die mit der Vergabe des Stipendiums verknüpft war. Sie bestand darin, vor den Mitschülern der Torrance High School einen Vortrag zu halten und mit ihnen über die Meeressäuger zu sprechen. Jeffs Bericht war so enthusiastisch, dass seine Mitschüler ihm nun endlich Respekt zollen mussten.

Nach dem Schulabschluss fand Jeff schließlich eine Arbeit auf dem Gebiet der Meeresforschung. Die schlechte Bezahlung versuchte er durch einen ebenfalls nicht gut bezahlten Nebenjob wettzumachen. Außerdem machte er am Community College den Abschluss in Biologie.

Im Februar 1992 betrat er das Büro von Suzanne Fortier, der Direktorin des Trainingszentrums für Meeressäuger am Six Flags Magic Mountain. Obwohl er bereits zwei Jobs hatte, wollte er sich an seinen freien Tagen ehrenamtlich um die Delfine des Zentrums kümmern. Fortier gab ihm eine Chance – und kam aus dem Staunen nicht mehr heraus. Keiner der zweihundert ehrenamtlichen Helfer, die sie in den letzten zehn Jahren ausgebildet hatte, verfügte über Jeffs intuitive Fähigkeiten im Umgang mit Delfinen.

Ein Beispiel mag dies verdeutlichen. Die Crew von Suzanne Fortier musste einmal einen sechshundert Pfund schweren Delfin namens Thunder in einen anderen Park schaffen. Das Tier sollte in einem engen Tank transportiert werden. Jeff bestand darauf, während der Fahrt hinten bei Thunder zu sein, um das verängstigte Tier zu beruhigen. Als Frau Fortier später per Funk aus der Kabine des Trucks mit ihm sprach, um sich nach Thunders Befinden zu erkundigen, antwortete Jeff: »Es geht ihm jetzt gut, ich wiege ihn in meinen Armen.« *Jeff ist ja tatsächlich bei Thunder im Tank,* wurde der Frau plötzlich klar. Vier Stunden lang trieb Jeff im Innern des kühlen Tanks und hielt Thunder dabei in den Armen.

Die anderen Mitarbeiter waren immer wieder erstaunt, welch intensive Beziehung Jeff zu den Tieren hatte. Ein besonders inniges Verhältnis pflegte er auf dem Magic Mountain zu Katie, einem achtjährigen, dreihundertfünfzig Pfund schweren Delfinweibchen, das ihn immer überschwänglich begrüßte und stundenlang mit ihm schwamm.

Wie schon in Marineland konnte Jeff mit den Delfinen spielen und ihre Zuneigung gewinnen. Er hatte keine Ahnung, auf welch harte Probe seine Liebe gestellt werden sollte.

Während Jeff verzweifelt versuchte, den Magic Mountain am Morgen des Erdbebens zu erreichen, stürzten Stadtautobahnen ein, und aufgebrochene Straßen zwangen ihn zum Rückzug. Aber er hatte sich geschworen, dass nichts ihn aufhalten könne.

Als Jeff schließlich den Magic Mountain erreicht hatte, war der Wasserstand im vier Meter tiefen Delfinbecken bereits um die Hälfte gesunken. Durch einen Riss in der Seite floss weiteres Wasser ab. Die drei Delfine Wally, Teri und Katie standen seit dem Erdbeben unter Schock. Jeff ließ sich anderthalb Meter auf einen vorstehenden Rand hinab und versuchte, sie zu beruhigen.

Da es immer noch zu Erschütterungen kam, wollte Jeff sie ablenken, indem er mit ihnen spielte, aber das funktionierte nicht. Und außerdem musste er ihre tägliche Nahrungsmenge reduzieren, weil der Wasserfilter kaputt war und die Ausscheidungen der Delfine das Wasser zusätzlich belasteten.

Jeff blieb die ganze Nacht über bei den Delfinen, auch als die Temperaturen gegen den Gefrierpunkt absanken. Er blieb auch die nächsten drei Tage bei ihnen.

Am vierten Tag wurde die Straße wieder freigegeben, und Wally, Teri und Katie sollten ins Delfinbecken auf der Knott's Berry Farm umquartiert werden. Zuerst aber musste man es schaffen, sie in die Transportbehälter zu laden. Der Transport eines Delfins ist normalerweise eine Routineangelegenheit, bei der er durch einen Tunnel schwimmt und mit einem breiten Trageriemen aus Stoff hochgezogen wird. Aber der Wasserstand in dem Verbindungstunnel war zu niedrig, sodass die Tiere nicht hindurchschwimmen konnten. Die drei Delfine mussten im offenen Becken gefangen und dann auf die Trageriemen gelegt werden.

Der fest angestellte Mitarbeiter Etienne François und Jeff meldeten sich freiwillig, diese Arbeit zu tun. So sehr Jeff auch den Delfinen vertraute, er wusste, dass die Wahrscheinlichkeit, verletzt oder gebissen zu werden, bei fast hundert Prozent lag.

Wally ließ sich leicht aus dem Becken evakuieren, aber Teri und Katie wurden unberechenbar. Jedes Mal, wenn Jeff und Etienne Katie eingekreist hatten, stieß das kräftige Delfinweibchen sie mit ihrem harten Maul zurück.

Die zwei Männer kämpften fast vierzig Minuten lang mit Katie und wurden von ihr dabei pausenlos mit dem wild umherschlagenden Schwanz attackiert. Unmittelbar bevor es ihnen schließlich gelang, sie in den Trageriemen zu hieven, versenkte sie ihre nadelspitzen Zähne in Jeffs Hand. Jeff beachtete die Wunde nicht weiter, sondern half dabei auch, Teri einzufangen und in den Transportbehälter zu heben.

Als die Delfine auf Knott's Berry Farm ankamen, war Katie erschöpft, aber ruhig. Später erzählte Suzanne Fortier ihren Freunden, dass die Delfine nur dank Jeffs Mut und Entschlossenheit sicher transportiert worden waren.

Heute ist Jeff angestellter Delfintrainer bei Marine Animal Productions in Gulfport, Mississippi, wo er Programme für Schulen organisiert.

Bevor er nach Mississippi ging, gab Jeff für die sechzig Kinder des Switzer-Zentrums eine Vorführung am Aquarium. Er bemerkte, dass ein Junge namens Larry sich absonderte, um allein zu spielen. Jeff sah, dass Larry genauso ein Außenseiter war wie er damals. Also rief er ihn zu sich nach vorne und bat ihn, sich neben ihn zu stellen. Dann tauchte Jeff seine Arme in das Aquarium und fischte einen harmlosen, aber eindrucksvollen ein Meter langen Hornhai aus dem Wasser. Die Kinder hielten überrascht die Luft an, und Jeff erlaubte Larry, das zappelnde Geschöpf stolz durch den Raum zu tragen.

Anschließend erhielt Jeff einen Brief, in dem stand: »Vielen Dank für Ihre eindrucksvolle Vorführung. Unsere Kinder kamen freudestrahlend zurück. Gleich mehrere Kinder erzählten aufgeregt, dass Larry den Hai tragen durfte. Dies war höchstwahrscheinlich der glücklichste und stolzeste Moment in seinem Leben. Besonders freut mich, dass auch Sie einmal unser Schüler gewesen sind. Sie sind für unsere Kinder ein großes Vorbild, denn Sie machen ihnen Hoffnung, dass auch sie es im Leben ›schaffen‹ können.« Der Brief stammte von Janet Switzer, der Gründerin des Zentrums.

Für Jeff hatte der Nachmittag noch einen anderen erfreulichen Moment. Während er sprach, entdeckte er seine Mutter und seinen Vater unter den Zuhörern. Er sah, wie sie ihm intensiv lauschten. Ihr Gesichtsausdruck zeigte Jeff, dass sie schließlich doch noch stolz auf ihren Sohn waren.

Jeff hat noch nie mehr als 14 800 Dollar im Jahr verdient, und dennoch betrachtet er sich selbst als einen reichen und außergewöhnlich glücklichen Menschen. »Mein Leben ist sehr erfüllt«, sagte er. »Die Delfine haben mir als Kind so viel gegeben. Sie schenkten mir bedingungslose Liebe. Wenn ich daran denke, was ich den Delfinen schuldig bin …« Seine Stimme stockt für einen Moment, und er lächelt. »Sie schenkten mir das Leben. Ich verdanke ihnen alles.«

PAULA MCDONALD

Die unverschlossene Tür

Als du klein warst
Und nur eine Spur weit weg,
Umhüllte ich dich mit Decken
Gegen die kühle Nachtluft.
Aber jetzt, wo du groß bist
Und außer Reichweite,
Falte ich die Hände
Und umhülle dich mit Gebeten.

DONA MADDUX COOPER

Im schottischen Glasgow hatte ein junges Mädchen, wie viele Teenager heutzutage, ihr Zuhause und die Einschränkungen von Seiten ihrer Eltern satt. Die Tochter lehnte den religiösen Lebensstil ihrer Familie ab und sagte: »Ich will euren Gott nicht. Ich mag nicht mehr. Ich gehe!«

Sie verließ ihr Elternhaus, entschlossen, eine welterfahrene Frau zu werden. Bald jedoch war sie niedergeschlagen und konnte keinen Job finden; darum fing sie an, auf die Straße zu gehen und ihren Körper zu verkaufen. Die Jahre vergingen. Ihr Vater starb, ihre Mutter wurde älter, und die Tochter richtete sich immer unverrückbarer in ihrem Leben ein.

Während dieser Jahre kam es zu keinerlei Kontakt zwischen Mutter und Tochter. Irgendwann erfuhr die Mutter vom »Beruf« ihrer Tochter. Sie begab sich auf der Suche nach ihr in das Rotlichtviertel der Großstadt. Sie machte bei jeder der Missionsstationen Halt, mit der schlichten Bitte: »Dürfte ich bei Ihnen vielleicht ein Bild aufhängen?« Es war ein Foto von der lächelnden, grauhaarigen Mutter mit einer handgeschriebenen Botschaft am unteren Rand: »Ich liebe dich noch immer … komm nach Hause!«

Einige weitere Monate vergingen, und nichts geschah. Dann schlich die Tochter eines Tages in eine Missionsstation, weil sie dringend eine Mahlzeit brauchte. Sie saß da, hörte geistesabwesend dem Gottesdienst zu und ließ dabei den Blick zum schwarzen Brett schweifen. Dort sah sie das Bild und dachte: *Ist das etwa meine Mutter?*

Sie konnte nicht warten, bis der Gottesdienst vorbei war. Sie stand auf und ging hin, um sich zu vergewissern. Es war ihre Mutter, und da waren diese Worte: »Ich liebe dich noch immer … komm nach Hause!« Weinend stand sie vor dem Foto. Es war zu schön, um wahr zu sein.

Inzwischen war es Nacht, aber sie war von der Botschaft so betroffen, dass sie sich auf den Weg nach Hause machte. Früh am Morgen kam sie schließlich dort an. Sie hatte Angst und näherte sich dem Haus nur zaghaft; sie wusste nicht so recht, was sie tun sollte. Als sie anklopfte, ging die Tür von selber auf. Sie dachte, jemand müsse ins Haus eingebrochen sein. Um die Sicherheit ihrer Mutter besorgt, lief die junge Frau ins Schlafzimmer und fand sie noch immer schlafend vor. Sie rüttelte ihre Mutter wach und sagte: »Ich bin's! Ich bin's! Ich bin wieder daheim!«

Die Mutter traute ihren Augen nicht. Sie wischte ihre Tränen ab, und die beiden fielen einander in die Arme. Die Tochter sagte: »Ich hab mir solche Sorgen gemacht! Die Tür war auf, und ich dachte, jemand sei eingebrochen!«

»Nein, Schatz«, erwiderte die Mutter sanft, »seit dem Tag, an dem du weggingst, war diese Tür nie abgeschlossen.«

Robert Strand

Die Lust zu rennen

Seit drei Generationen schon waren alle Männer in meiner Familie Ärzte. Wir kannten nichts anderes. Im Alter von sechs Jahren bekam ich mein erstes Stethoskop. Ich hörte die Geschichten von den Leben, die mein Großvater und mein Vater gerettet, von den Babys, deren Geburt sie begleitet, und von den Nächten, die sie bei kranken Kindern verbracht hatten. Man zeigte mir, wo mein Name auf dem Messingschild des Arztzimmers stehen würde. Die Vision dessen, was aus mir werden sollte, war tief in meine Vorstellungswelt eingeprägt.

Aber als das College näher rückte, merkte ich, dass der Arztberuf nicht mein Herz erfüllte. Ich reagierte auf bestimmte Situationen völlig anders als mein Vater. Ich sah, wie er sich um drei Uhr morgens aus dem Bett quälte, nur um nach einem Kind mit Verdacht auf Lungenentzündung zu sehen, dessen Eltern es nicht rechtzeitig zu ihm gebracht hatten. Ich hätte mir die Eltern vorgenommen, aber er war immer nachsichtig. »Eltern wollen um jeden Preis, dass ihre Kinder gesund sind, und gestehen sich deshalb manchmal nicht ein, dass ihr Kind wirklich krank ist.« Und dann gab es so schreckliche Dinge wie den Tod eines Zehnjährigen wegen einer Kiefersperre, mit denen ich nicht fertig wurde. Am meisten Sorgen bereitete mir die Vorstellung, nicht der Sohn zu sein, den mein Vater haben wollte. Ich wagte es jedoch nicht, ihm von meinen

Zweifeln zu erzählen, sondern hoffte stattdessen, schon irgendwie klarzukommen.

In dem Sommer vor dem Wechsel auf das College lastete dieses Dilemma schwer auf meinem Gemüt. So war ich dann auch froh, vor eine Herausforderung gestellt zu werden, mit der ich mich von meinem Problem ablenken konnte: Ein Patient hatte meinem Vater einen englischen Setterwelpen als Bezahlung für seine Hilfe überlassen. Dad hielt eine Meute Hühnerhunde auf unserer Farm, die ich trainierte. Daher war es selbstverständlich, dass mein Vater den Welpen an mich weiterreichte.

Jerry war ungefähr zehn Monate alt und sehr lernbegierig. Wie die meisten englischen Setter war er fast weiß und hatte nur hier und dort ein paar rotbraune Punkte. Seine rotbraunen Ohren standen weit von seinem Kopf ab und gaben ihm ein clownartiges Aussehen. Immer wenn ich ihn ansah, musste ich schmunzeln, was mir sehr gut tat. Er beherrschte die Grundlagen schnell: sitzen, anhalten, sich hinlegen, bei Fuß gehen. Sein einziges Problem war der Befehl »kommen«. War er erst einmal im hohen Gras verschwunden, liebte er es herumzustöbern. Wenn ich rief und mit der Trainingspfeife pfiff, drehte er sich kurz um und schaute mich an – und machte dann weiter, was er wollte.

Wenn wir unsere Lehrstunde beendet hatten, saß ich meistens mit ihm unter einer alten Eiche und redete mit ihm. Ich ging das durch, was er wissen musste, und sprach manchmal auch über mich. »Jerry«, sagte ich in solchen

Momenten, »ich habe einfach keine Lust, ständig von kranken Leuten umgeben zu sein. Was würdest du an meiner Stelle tun?« Jerry saß dann auf seinen Hinterbeinen und schaute mir direkt in die Augen. Er bewegte seinen Kopf von der einen zur anderen Seite und versuchte so die Bedeutung meiner Stimme zu verstehen. Er hatte dabei häufig einen so ernsthaften Ausdruck, dass ich laut lachen musste und dabei meine Sorgen vergaß.

Eines Abends nahm ich ihn nach dem Essen mit hinaus auf die Wiese, um noch ein paar Übungen mit ihm zu machen. Wir liefen ungefähr hundert Meter im knietiefen Gras, als eine Schwalbe im untergehenden Sonnenlicht auf der Jagd nach Insekten Jerrys Kopf umschwirrte. Jerry stand da wie gelähmt. Nach einer Weile begann er, der Schwalbe hinterherzujagen. Der Vogel flog sehr niedrig im Zickzack hin und her. Er schien Jerry zu necken und mit ihm zu spielen und stachelte ihn zu einem wilden Rennen an. Der Vogel führte ihn hinunter zum Teich und am Wiesenzaun zurück, als ob er ihn aufforderte, ihm zu folgen. Danach verschwand er hoch oben am Himmel. Jerry hielt inne und schaute ihm eine Weile nach und lief dann hechelnd auf mich zu, so von Kraft und Energie erfüllt, wie ich ihn nie zuvor erlebt hatte.

In den folgenden Tagen bemerkte ich, dass sein Interesse an der Jagd abnahm und stattdessen sein Enthusiasmus für das Herumrennen wuchs. Er verschwand einfach im Gras, schnell wie ein wildes Tier. Ich wusste genau, wann er Wachteln gewittert hatte, weil er die Nase kurz hochstreckte, wenn er an ihnen vorbeikam. Er wusste, was von ihm erwartet wurde, aber er tat es einfach nicht. Wenn er schließlich erschöpft und mit rot unterlaufenen Augen zurückkehrte, legte er sich mit einem derart zufriedenen Ausdruck auf den Boden, dass es mir schwer fiel, ihn böse anzuschauen.

Ich fing wieder von vorn an. Ein paar Minuten lang hörte er mir auch ernsthaft zu, dann stahl er das Stoffschild von meiner Gesäßtasche und rannte mit kraftvoll ausholenden Beinen quer über die Wiese, die Nase voll im Wind. Zu rennen war für ihn ein herrlicher Spaß, und obwohl ich mir wirklich wünschte, ihn richtig zu trainieren, überkam mich immer mehr ein seltsames Gefühl der Freude, wenn ich ihn so davonjagen sah.

Bislang hatte ich allen Hunden das beigebracht, was ich ihnen beibringen wollte, aber diesmal sollte es mir nicht gelingen. Im September musste ich meinem Vater schließlich mitteilen, dass dieser Hund niemals jagen würde. »Nun ja, das ist eine klare Aussage«, sagte er. »Wir werden ihn kastrieren lassen müssen und an jemanden in der Stadt als Haushund abgeben. Ein Hund, der nicht das tut, wofür er geboren ist, kann nicht viel wert sein.«

Ich befürchtete, dass Jerry durch ein Dasein als Haushund seine Kraft und Energie verlieren würde. Am nächsten Tag hatte ich mit Jerry ein langes Gespräch unter der Eiche. »Dein Herumgerenne führt dazu, dass du eingeschlossen wirst«, sagte ich. »Kannst du dich nicht zuerst um die Wachteln kümmern und danach losrennen?« Als

Reaktion auf meine Stimme öffnete er seine Augen und schaute beschämt unter seinen Lidern hervor. Ich legte mich traurig auf den Rücken, und er kauerte sich neben mich, seinen Kopf auf meiner Brust. Als ich seine Ohren kraulte, schloss ich meine Augen und dachte verzweifelt an unser beider Problem.

Dad nahm Jerry früh am nächsten Samstag mit nach draußen, um selbst zu sehen, wozu der Hund im Stande war. Zuerst verhielt sich Jerry wie ein Profi. Mein Vater sah mich merkwürdig an, als ob er glaubte, ich hätte ihm in Bezug auf den Hund nicht die Wahrheit gesagt.

Genau in dem Moment rannte Jerry los.

»Was zum Teufel macht der Hund?«

»Er rennt«, sagte ich, »er liebt es, einfach nur zu rennen.«

Und Jerry rannte, was das Zeug hielt. Er rannte am Zaun entlang und sprang dann mit seinem schlanken Körper in einem eindrucksvollen Bogen darüber. Er rannte, als gäbe es nichts Schöneres als zu rennen. Es machte ihn scheinbar eins mit der Wiese, dem Licht und der Luft.

»Das ist kein Jagdhund, sondern ein Reh«, sagte mein Vater. Als ich dastand und zuschaute, fiel mein Hund durch den wichtigsten Test seines Lebens. Dad legte seine Hand auf meine Schulter. »Wir müssen es so sehen, wie es ist: Er wird den Anforderungen einfach nicht gerecht.«

Am nächsten Tag packte ich meine Sachen für die Schule, dann ging ich hinaus zum Hundezwinger, um mich von Jerry zu verabschieden. Er war jedoch nicht da. Vielleicht hatte ihn Dad schon mit in die Stadt genommen. Ich fühlte mich miserabel, weil ich uns beide enttäuscht hatte. Als ich zurück ins Haus ging, saß Dad jedoch zu meiner großen Erleichterung in seinem Sessel neben dem Kamin und las, während Jerry zu seinen Füßen schlummerte.

Als ich ins Zimmer trat, legte mein Vater das Buch zur Seite und blickte mir in die Augen. »Sohn, du weißt, dass dieser Hund nicht das tut, was er tun sollte«, sagte er, »aber was er tut, ist großartig. Es öffnet einem das Herz, wenn man ihn laufen sieht.« Er sah mich weiterhin an. Für einen Moment fühlte ich, dass er mir bis ins Herz schaute. »Das Einzige, was die Existenz eines lebenden Wesens wertvoll macht«, fuhr mein Vater fort, »ist die Tatsache, dass es das ist, was es ist – und dass es das weiß. Und zwar tief im Innern.«

Ich atmete tief durch und sagte: »Dad, ich glaube nicht, dass ich Arzt werden kann.« Er senkte seinen Blick und wirkte wie jemand, der endlich das hört, was er immer befürchtet hat, hören zu müssen. Sein Ausdruck war so traurig, dass es mir beinahe das Herz brach. Als er mich aber wieder anschaute, spürte ich eine Art Anerkennung, die ich nie zuvor in seinem Blick gesehen hatte.

»Ich weiß«, sagte er mit ernster Stimme. »Ich brauchte dich nur dabei zu beobachten, wie du diesen Versager von einem Hund angeschaut hast. Du hättest dein Gesicht sehen sollen, als er losjagte.«

Wegen der großen Enttäuschung meines Vaters fühlte ich mich den Tränen nahe. Ich wünschte, ich hätte das in mir, was ihn glücklich machen würde. »Dad«, sagte ich, »es tut mir Leid.«

Er sah mich scharf an. »Sohn, natürlich bin ich enttäuscht darüber, dass du kein Arzt werden willst. Aber ich bin nicht enttäuscht von *dir*.«

Er sagte: »Denk daran, was du versucht hast, Jerry beizubringen. Du wolltest, dass er der Jagdhund wurde, für den du ihn trainiert hast. Er ist aber kein Jagdhund geworden. Wie fühlt sich das für dich an?«

Ich blickte auf den schlafenden Jerry und sah, wie seine Pfoten zuckten. Er schien selbst in seinen Träumen zu rennen. »Eine Zeit lang glaubte ich, versagt zu haben«, sagte ich. »Aber als ich ihn rennen sah und merkte, wie er es liebte zu rennen, war ich irgendwie zufrieden.«

»Es ist eine gute Sache«, sagte mein Vater und sah mich eindringlich an. »Jetzt warten wir einfach und sehen, wie *du* rennst.«

Er schlug mir auf die Schulter, sagte »Gute Nacht« und ging. In diesem Moment verstand ich meinen Vater wie nie zuvor. Die Liebe, die ich für ihn empfand, schien den ganzen Raum zu füllen. Ich setzte mich neben Jerry und kraulte ihn zwischen den Schulterblättern. »Ich bin gespannt, wie ich rennen werde«, flüsterte ich ihm ins Ohr. »Ich werde es bestimmt tun.«

Jerry hob seinen Kopf ein wenig, leckte meine Hand, streckte seine Beine aus und kehrte zurück an den Ort seiner freudigen Träume.

W. W. MEADE

Omas Garten

Jedes Jahr pflanzte meine Großmutter Tulpen in ihrem Blumengarten und sah mit kindlicher Vorfreude deren Frühlingspracht entgegen. Unter ihrer liebevollen Obhut schossen sie in jedem April pflichtgetreu empor, und sie wurde nie enttäuscht. Aber sie sagte, die eigentlichen Blumen, die ihr Leben schmückten, seien ihre Enkel.

Ich allerdings wollte da nicht gleich mitspielen.

Man schickte mich zu meiner Großmutter, bei der ich vorübergehend wohnen sollte, als ich sechzehn Jahre alt war. Meine Eltern lebten in Übersee, und ich war ein sehr schwieriges Mädchen, voller Ärger über sie wegen ihrer Unfähigkeit, mit mir fertig zu werden oder mich zu verstehen. Ich war ein unglücklicher Teenager und drauf und dran, die Schule abzubrechen.

Oma war eine sehr kleine Frau, turmhoch überragt von ihren eigenen Kindern und deren noch nicht erwachsenen Sprösslingen. Und sie besaß eine klassische, altmodische Anmut. Sie hatte dunkles Haar und eine elegante Frisur. Ihre klaren Augen waren von reinstem Blau; sie strahlten vor Energie und innerer Stärke. Sie war ihrer Familie gegenüber absolut loyal, und sie liebte so tief und aufrichtig wie ein Kind. Trotzdem war ich der Meinung, ich würde meine Großmutter leichter ignorieren können als meine Eltern.

Schweigend zog ich in ihr bescheidenes Bauernhaus ein;

meiner Großmutter an mir nicht nachließ, öffnete ich mich ihr immer mehr. Ich begann, mich insgeheim unbändig auf unsere Gespräche zu freuen.

Es schien, als sei ein Damm gebrochen. Plötzlich liebte ich es, zu reden. Ich begann, regelmäßig die Schule zu besuchen, und eilte jeden Nachmittag nach Hause, wo sie schon, in ihrem vertrauten Sessel sitzend, lächelnd darauf wartete, dass ich ihr detailliert über jede Minute meines Tages berichtete.

Eines Tages in meinem ersten Schuljahr auf der High School stürmte ich zur Tür herein und verkündete ihr: »Sie haben mich zur Chefredakteurin der High-School-Zeitung gewählt!«

Meine Oma hielt den Atem an und schlug die Hände vor den Mund. Bewegter, als ich es hätte sein können, nahm sie meine beiden Hände in die ihren und drückte sie heftig. Ich sah ihr in die Augen, die wie verrückt funkelten. Sie sagte: »Ich hab dich sehr lieb, und ich bin sehr stolz auf dich!«

Ihre Worte trafen mich mit solcher Wucht, dass ich nicht antworten konnte. Diese Worte bewegten bei mir mehr als tausend »Ich-liebe-dich«-Beteuerungen. Ich wusste: Ihre Liebe war bedingungslos, doch ihre Freundschaft und ihren Stolz musste man sich verdienen. Dass ich beides von dieser unglaublichen Frau erhielt, löste in mir etwas aus. Ich begann, mich zu fragen, ob es denn tatsächlich etwas Liebenswertes und Wertvolles an mir gebe. Sie weckte in mir den Wunsch, mein eigenes Potenzial zu entdecken, und gab mir einen Grund, es zuzulassen, dass andere meine wunden Punkte kannten.

An diesem Tag beschloss ich zu versuchen, so zu leben wie sie – voller Energie und Intensität. Plötzlich entbrannte in mir das Verlangen, die Welt, mein Inneres und die Herzen anderer zu erkunden, so uneingeschränkt und bedingungslos zu lieben wie sie bisher. Und mir wurde klar, dass ich sie liebte – nicht weil sie meine Großmutter war, sondern weil sie eine wundervolle Person war, weil sie mir beigebracht hatte, wie man für sich selbst und für andere sorgt.

Meine Großmutter starb im Frühling, fast zwei Jahre nachdem ich gekommen war, um bei ihr zu wohnen, und zwei Monate, bevor ich an der High School die Abschlussprüfung bestand.

Sie starb umringt von ihren Kindern und Enkeln, die sich an den Händen hielten und eines von Liebe und Glück erfüllten Lebens gedachten. Bevor sie diese Welt verließ, beugte sich jeder von uns über ihr Bett und küsste sie zärtlich. Als ich an die Reihe kam, küsste ich sie sanft auf die Wange, nahm ihre Hand und flüsterte: »Ich hab dich sehr lieb, Oma, und ich bin sehr stolz auf dich!«

Jetzt, während ich mich auf meine Graduierung am College vorbereite, denke ich oft an die Worte meiner Großmutter, in der Hoffnung, dass sie noch immer stolz auf mich ist. Ich staune über die Güte und Geduld, mit der sie mir half, aus einer schwierigen Kindheit herauszukommen und zu einer friedvollen jungen Frau zu werden. Ich stelle mir Oma im Frühling vor, während die Tulpen in ihrem Garten und wir, ihre Sprösslinge, noch immer mit einer Begeisterung blühen, mit der nur ihre eigene sich messen kann. Und ich arbeite weiter, um sicherzustellen, dass sie nie enttäuscht sein wird.

Lynnette Curtis

Die Sprache der Pferde

Mein Vater war sehr autoritär, und diese Einstellung prägte auch seinen Umgang mit Pferden. Er benutzte Einschüchterung und Gewalt, um sie zu »brechen« und ihnen seinen Willen aufzuzwingen. Unglücklicherweise wendete er diese Methoden auch auf mich an. Mit acht Jahren wurde ich einmal Zeuge eines besonders brutalen Beispiels der Methoden meines Vaters und schwor mir, niemals in seine Fußstapfen zu treten. Anstatt die Pferde mit Gewalt zu zwingen, wollte ich mit ihnen kommunizieren und ihr Vertrauen gewinnen. Ich war mir sicher, dass Pferde eine eigene Sprache haben und ich sie auf völlig andere Weise trainieren konnte, wenn ich diese Sprache verstand. Und so setzte ich mir mit acht Jahren ein klares Lebensziel: Ich wollte eines Tages in der Lage sein, mit Pferden zu »sprechen«.

Mein Vater hielt die Idee für blanken Unsinn, und so musste ich meinen Weg ohne seine Hilfe gehen. Auch meine Mutter unterstützte mich nur heimlich, denn sie wollte sich nicht mit meinem Vater anlegen. Wir lebten zu jener Zeit in Kalifornien, wo uns in Salinas eine Pferderanch gehörte. Da ich unbedingt ihre Sprache verstehen wollte, verbrachte ich jede freie Minute mit unseren ungezähmten Pferden.

Als ich dreizehn war, verbrachte ich drei Wochen meiner Sommerferien in Nevada, um dort wilde Mustangs einzufangen. Dies war meine erste Gelegenheit, mit Pferden zu arbeiten, die noch keinen Kontakt zu Menschen gehabt hatten. Ich war fest entschlossen, meine Zeit intensiv zu nutzen, und so stand ich morgens schon in aller Frühe auf und ritt den langen Weg in die einsame Bergwelt. Dort beobachtete ich dann mit Hilfe eines Feldstechers die wilden Mustangherden, um das Verhalten einzelner Tiere zu studieren.

Ich war von diesen Pferden vollkommen fasziniert und konnte stundenlang einfach nur dasitzen und diesen wundervollen Tieren zuschauen.

Die Kommunikation der wilden Pferde untereinander erstaunte mich sehr. Sie gaben selten einen Laut von sich, sondern benutzten stattdessen eine sehr komplexe Bewegungssprache. Die Schlüsselelemente ihrer Sprache waren Körperhaltung sowie Geschwindigkeit und Richtung ihrer Bewegungen. Indem sie zusätzlich die Schärfe ihres Blicks und die Haltung der Ohren, des Nackens, des Kopfes und der Wirbelsäule variierten, konnten die Pferde all das ausdrücken, was sie mitzuteilen wünschten.

Als ich sie so beobachtete, stellte ich mir eines Tages die Frage, ob ich ein wildes Pferd dazu bringen könnte, mich nah herankommen zu lassen.

Ich wählte ein Pferd mit einer auffälligen Fellzeichnung, das ich leicht im Auge behalten konnte, und versuchte es von den anderen Pferden der Herde abzusondern. Die ersten Tage ließ ich mir alles Mögliche einfallen, um mich dem Pferd anzunähern, aber es witterte mich immer früh und rannte weg, bevor ich wirklich nah herankam. Eines Tages hatte ich jedoch Glück und näherte mich ihm von hinten in einem kleinen Canyon. Zum Schluss richtete das Pferd seine ganze Aufmerksamkeit auf mich. Nur mithilfe meines Körpers übermittelte ich die Signale, die ich bei anderen Pferden im Umgang untereinander gesehen hatte, und brachte den wachsamen Hengst dazu, einfach nur ruhig dazustehen. Er beobachtete äußerst aufmerksam, wie ich immer näher herankam, und schien keine Angst zu haben. Ich wagte nicht mehr zu atmen, als ich den letzten Schritt machte, der mich bis auf Armlänge an ihn heranbrachte. Ich schaute dem Mustang nicht in die Augen, als ich meine Hand nach ihm ausstreckte und sie behutsam auf seinen Nacken legte. Es dauerte nur ein paar Sekunden, aber das war lang genug. Ich platzte beinahe vor Freude, als ich ihn davongaloppieren sah. Ich hatte mit einem Pferd »gesprochen«!

Als ich wieder zu Hause war, erzählte ich meiner Mutter aufgeregt von meinem Erlebnis mit dem Mustang. Obwohl ich merkte, wie sehr sie sich für mich freute, sagte sie, ich solle weder meinem Vater noch jemandem sonst davon erzählen, wenn ich keine Schwierigkeiten bekommen wollte. Ich fühlte mich allein gelassen, aber ich wusste auch, dass sie Recht hatte. Mein Wunsch, die Sprache der Pferde zu lernen, wurde zu einer tiefen inneren Leidenschaft, die ich bewusst vor dem Rest der Welt verbarg.

Da ich das, was mich zutiefst bewegte, nicht mit anderen teilen konnte, zog ich mich von anderen Menschen zurück und fühlte mich nur in der Gesellschaft von Pferden wohl. Ich hatte kein Interesse mehr an den herkömmlichen Dingen des Lebens, sondern wollte mir nur noch meinen Traum erfüllen.

Ich fuhr von nun an jeden Sommer für drei Wochen nach Nevada, um meine Beobachtungen in der Einöde fortzusetzen. Vier Jahre später, ich war inzwischen siebzehn, konnte ich nicht nur ohne Probleme einen wilden Mustang anfassen. Ich war auch in der Lage, ihn zu satteln, ihm Zaumzeug umzulegen und ihn zu reiten – und all das, ohne ihm auch nur einmal zu drohen oder Schmerzen zuzufügen! Stolz ritt ich auf dem wilden Mustang zurück zur Ranch. Die Arbeiter, die mich reiten sahen, nannten mich einen Lügner, als ich ihnen erzählte, wie ich es geschafft hatte, das Pferd zu zähmen. Sie machten sich über mich lustig und waren nicht von ihrer Meinung abzubringen, dass mein wilder Mustang ein bereits domestiziertes Pferd war, das von zu Hause weggelaufen war und sich den Mustangs angeschlossen hatte. Ich war zutiefst verletzt und erkannte die Nutzlosigkeit meiner Träume. All meine Hoffnung zerbrach, weil mir niemand Glauben schenken wollte.

Irgendwann überwand ich jedoch den Schmerz der Demütigung und entwickelte meine Ausbildungsmethoden weiter. Ich schwor mir allerdings, in Zukunft niemandem mehr davon zu erzählen.

Und so wurde ich Pferdetrainer. Bei jedem Pferd halfen mir meine bisherigen Erfahrungen, mehr über die Sprache der Pferde herauszufinden. Es war eine langwierige, aber äußerst befriedigende Prozedur.

Als ich gerade zwanzig geworden war, engagierte mich eine Familie, die große Schwierigkeiten mit ihrem Pferd My Blue Heaven hatte. My Blue Heaven war eine wunderschöne, intelligente und sehr talentierte Stute. Einer ihrer Vorbesitzer hatte sie jedoch während ihrer Ausbildung falsch behandelt, und so hatte sie ein ernsthaftes Problem entwickelt: Sie hielt nicht an, wenn man es von ihr verlangte. Sie schoss davon wie eine Rakete und ließ sich nicht mehr halten, sodass sie Zäune durchbrach und gefährlich scharfe Kehrtwendungen machte, in denen sie hin und her schlitterte und sich kaum auf den Beinen halten konnte. Sie war völlig unberechenbar. Es war noch nicht lange her, als die Stute beinahe die Tochter ihres gegenwärtigen Besitzers getötet hätte. Die Familie war in den Urlaub gefahren und hatte mich gebeten, das Pferd für sie zu dem Preis zu verkaufen, den ich noch für sie bekam. Sie hatten gehört, dass ich gut mit schwierigen Pferden umgehen konnte, und wussten, dass ich sie vorher zum Anhalten bringen musste, um sie überhaupt verkaufen zu können.

My Blue Heaven war das gefährlichste Pferd, das mir jemals unter die Augen gekommen war. Jetzt konnte ich, um ihm zu helfen, all das anwenden, was ich über die Jahre gelernt hatte. Ich bewegte mich langsam und beschränkte unsere Kommunikation auf das Grundlegende. Auf diese Weise gelang es mir nach und nach, das Vertrauen der Stute zu gewinnen. Es dauerte nicht lange, und ihr Widerstand schmolz dahin. Von diesem Zeitpunkt an machten wir schnell bemerkenswerte Fortschritte. Es geschah, was niemand geglaubt hatte, und nach wenigen Tagen schon war sie wie ausgewechselt.

Während die Besitzer noch im Urlaub waren, nahm ich mit ihr an einem Wettkampf teil und belegte den ersten Platz. Ich nahm den Preis, einen kostbaren Sattel, mit ins Haus der Familie, denn My Blue Heaven war noch immer ihr Pferd. Ich schrieb eine kurze Mitteilung, in der ich erklärte, dass My Blue Heaven den Sattel gewonnen habe und sie es sich noch einmal überlegen sollten, ob sie ihr Pferd auch unter diesen veränderten Umständen weiterhin verkaufen wollten. Ich heftete die Mitteilung an den Sattel und legte ihn mitten auf den Wohnzimmertisch, sodass sie ihn sofort bei ihrer Rückkehr entdecken mussten.

Die Familie war ganz außer sich, als sie sahen, wie sehr sich My Blue Heaven verändert hatte. Und natürlich wollten sie ihre Stute auf jeden Fall behalten. Schon bald entwickelte sich My Blue Heaven zu einem Weltklasse-Rennpferd, aber für ihre Besitzer war ihre neu erwachte Willigkeit und ihr sanftes Gemüt noch wertvoller als ihr Wettkampfwert.

My Blue Heaven war einer meiner ersten öffentlichen Triumphe. Im Laufe der nächsten dreißig Jahre wiederholte sich ihre Geschichte noch oft bei anderen Pferden. Ich bekam all die hoffnungslosen Fälle, aber mit so einfachen

Mitteln wie Freundlichkeit, Respekt und Kommunikation schaffte ich es immer wieder, die Pferde zu heilen.

Irgendwann konnte ich meine Arbeit nicht länger geheim halten. Die meisten Menschen begegneten meiner Methode mit großer Offenheit und sogar mit regelrechtem Enthusiasmus, obwohl es auch immer wieder Menschen gab, die skeptisch waren oder mich gar mit Spott oder Verachtung straften.

Besonders in England wurde ich herzlich aufgenommen. Ich konnte es als Sohn eines amerikanischen Pferdeausbilders nicht so recht glauben, als ich im Jahre 1989 Ihrer Königlichen Majestät, Elisabeth der Zweiten, Königin von England, vorgestellt wurde. Ein langer und oft schmerzhafter Weg führte von den einsamen Bergen Nevadas zur Pracht und Herrlichkeit von Schloss Windsor!

Der Empfang im englischen Königshaus markierte einen Wendepunkt in meiner Karriere. Die Königin empfahl meine Methoden weiter und stellte mir ihren Privatwagen zur Verfügung, damit ich England bereisen und meine Techniken im ganzen Land vorstellen konnte. Heutzutage kann man meine Methode der Pferdeausbildung sogar am West Oxfordshire College studieren.

Ich habe das erreicht, was ich mir als Achtjähriger vorgenommen hatte. Dennoch habe ich das Gefühl, nur ein Wegbereiter für all diejenigen zu sein, die mir folgen werden. Wenn ich die jungen Leute, die meine Arbeit studieren, beobachte, keimt in mir die Gewissheit, dass sie mein Werk weiterführen und zu einem Grad der Kommunikation mit Pferden kommen werden, den ich mir noch nicht einmal ansatzweise vorstellen kann.

In gewisser Weise bin ich meinem Vater dankbar dafür, dass er meinem Leben diese Ausrichtung gegeben hat. Indem ich seinen Umgang mit Pferden sah, entwickelte sich meine Leidenschaft für diese wundervollen Geschöpfe. Aus seiner Gewalt heraus wurde mein Traum geboren – und er besteht darin, allen Pferden den unnötigen Schmerz und das sinnlose Leiden zu ersparen, »gebrochen« zu werden.

MONTY ROBERTS
aufgeschrieben von CAROL KLINE

Die besten Freunde

> Wir werden nur dann verschlungen, wenn wir bereit sind, es geschehen zu lassen.
> NATHALIE SARRAUTE

»Bleib doch bitte noch«, bat ich.

Ann war meine beste Freundin, das einzige Mädchen in der Nachbarschaft, und ich wollte nicht, dass sie ging.

Sie saß auf meinem Bett, ihre blauen Augen schauten mich verständnislos an.

»Ich langweile mich«, sagte sie und wickelte langsam ihren dicken roten Pferdeschwanz um ihren Finger. Sie war vor einer halben Stunde zum Spielen gekommen.

»Bitte geh nicht«, bettelte ich. »Deine Mutter sagte, du könntest eine Stunde bleiben.«

Ann schickte sich zum Gehen an, da entdeckte sie ein Paar indianische Miniaturmokassins auf meinem Nachttisch. Die Mokassins mit ihrem weichen Leder und der aufgenähten Perlenverzierung waren mein heiß geliebter Schatz.

»Ich werde bleiben, wenn du mir die da schenkst«, sagte Ann.

Ich runzelte die Stirn. Ich konnte mir nicht vorstellen, die Mokassins wegzugeben. »Aber Tante Reba hat sie mir geschenkt«, protestierte ich.

Meine Tante war eine wunderbare Frau gewesen. Ich

hatte sie wirklich vergöttert. Sie war nie zu beschäftigt gewesen, um ihre Zeit mit mir zu verbringen. Wir dachten uns verrückte Geschichten aus und lachten viel.

An dem Tag, als sie starb, verkroch ich mich unter einer Decke und weinte stundenlang; ich konnte mir nicht vorstellen, dass ich sie nie wieder sehen würde.

Als ich nun die weichen Mokassins durch meine Hände gleiten ließ, durchströmten mich liebevolle Erinnerungen an Tante Reba.

Ich weiß nicht, was über mich gekommen war, doch ich wollte mehr als alles andere, dass jemand da war, der mit mir spielte. Ich wollte so sehr mit jemandem zusammen spielen, dass ich Ann die Mokassins gab!

Nachdem sie sie in ihrer Tasche verstaut hatte, fuhren wir einige Male mit unseren Fahrrädern die Straße entlang. Bald wurde es für sie Zeit zu gehen. Ich war beunruhigt über das, was ich getan hatte, sodass ich sowieso keine Lust mehr zum Spielen hatte.

An diesem Abend schützte ich »keinen Hunger« vor und verzog mich ohne Abendessen ins Bett. Als ich oben in meinem Zimmer war, vermisste ich meine Mokassins noch schmerzlicher!

Nachdem meine Mutter mich zugedeckt und das Licht ausgemacht hatte, fragte sie mich, was nicht in Ordnung sei.

Unter Tränen erzählte ich ihr von meinem Verrat an Tante Reba und meinem schlechten Gewissen deshalb.

Mom umarmte mich liebevoll, doch alles, was sie sagte,

Doch ich hatte nie wieder um ihre Gesellschaft gebettelt. Ich hatte verstanden, dass beste Freunde Menschen sind, die gerne ihre Zeit mit dir verbringen und dafür auch keine Gegenleistung von dir verlangen.

Mary Beth Olson

Das Beste erwarten

Die Erde ist voll von Himmlischem.
ELIZABETH BARRETT BROWNING

Schließlich begreifst du, dass Liebe alles heilt
und nichts ohne Liebe existiert.
GARY ZUKAV

Unserer Kontrolle entzogen

Als es an diesem Nachmittag an der Tür schellte, machte ich wie betäubt auf. Es war der Reparaturdienst für die Alarmanlage – er kam zum denkbar schlechtesten Zeitpunkt. Ich war im sechsten Monat schwanger, und noch nie hatte ich so verzweifelt darauf gewartet, dass endlich das Telefon läutete – ich war mit den Nerven am Ende. Wirklich, unsere Alarmanlage fiel zum denkbar schlechtesten Zeitpunkt aus. Wir waren nicht nur seelisch völlig überlastet – wir konnten auch keine weitere Rechnung brauchen.

Unsere Finanzen waren wacklig. Ich litt gleich am Beginn der Schwangerschaft unter morgendlicher Übelkeit, und es wurde so schlimm, dass ich nicht mehr arbeiten konnte, ein Einkommensverlust, mit dem wir nicht so frühzeitig gerechnet hatten. Obwohl das schwierig war, waren wir zu aufgeregt, um uns zu beklagen. Wir hatten eineinhalb Jahre lang versucht, ein Baby zu bekommen, und sogar schon damit begonnen, Fruchtbarkeitstests durchführen zu lassen. Da bekamen wir den Anruf, von dem wir geträumt hatten: Ich war schwanger!

Das erste Vierteljahr war normal verlaufen, bis auf das morgendliche Erbrechen, das, wie ich wusste, vorübergehen würde. Ich freute mich auf jeden Besuch beim Arzt, begeistert von der Tatsache, dass wir immer mehr über unser Kind erfuhren. Als mich daher der Arzt fragte, ob er bei mir einen bestimmten Bluttest durchführen solle, durch den man, unter anderem, einen offenen Rücken beim heranwachsenden Fötus diagnostizieren könne, sagte ich ohne Zögern zu.

Nachdem er die Ergebnisse bekommen hatte, rief der Arzt uns sofort an. In berufsmäßig-sachlichem, aber besorgtem Ton sagte er, die Testwerte seien so niedrig, dass sie außerhalb der Bewertungsskala lägen. Ein offener Rücken könne ausgeschlossen werden, doch die Zählung der Blutkörperchen lasse möglicherweise auf das Down-Syndrom schließen.

Er ordnete sofort eine Fruchtwasserpunktion an. Obwohl mein Mann Joe und ich sehr beunruhigt waren, hatte dieser Tag auch etwas durchaus Aufregendes. Es wurde auch eine Ultraschalluntersuchung gemacht, und so bekamen wir das erste Mal zu sehen, wie das Baby sich bewegte. Plötzlich schien mir alles so real zu sein. Wir würden wirklich bald Eltern werden, und der kleine Mensch war ein Junge! Etwas wirklich Schlimmes konnte er doch nicht haben – oder?

Es ernüchterte uns, als man uns sagte, es werde drei Wochen dauern, bis die Ergebnisse einträfen. Man riet uns letztlich zu einem jetzt noch sicheren Schwangerschaftsabbruch – wir würden diesen durch das lange Warten auf Ergebnisse womöglich am Ende noch gefährden.

Aber ganz gleich, zu welcher Diagnose man gelangen würde: Eine Abtreibung kam für uns nicht in Frage.

Nun galt es zu warten. Nie zuvor sind mir drei Wochen so lang vorgekommen. Ich versuchte, mich zu beschäftigen, an andere Dinge zu denken, aber mir gingen ständig die Worte »außerhalb der Bewertungsskala« durch den Sinn. Es war nicht besonders beruhigend, als dann auch noch unsere Alarmanlage immer wieder ohne Anlass losplärrte. Joe ging natürlich jeden Tag zur Arbeit. Ich fühlte mich allein und hilflos.

Schließlich kam der Tag, in dem wir das Ergebnis erhalten sollten. Ich werde nie vergessen, wie nervös ich war. Ich saß den ganzen Vormittag praktisch neben dem Telefon. Es läutete nicht. Gegen Mittag konnte ich es nicht mehr aushalten. Ich rief in der Praxis an, aber die Krankenschwester sagte, es seien noch keine Ergebnisse da.

Aus Vormittag wurde Nachmittag. Als es an der Tür läutete, waren meine Nerven zum Zerreißen gespannt. Automatisch ließ ich den Techniker herein, zeigte ihm die Alarmanlage und zog mich zurück. Ich dachte nur bei mir: »Das kostet uns wieder eine Menge Geld!« und: »Kann man sich ein schlechteres Timing vorstellen?« Mein Glaube an »Gottes perfektes Timing« begann allmählich zu bröckeln.

Etwa zwei Stunden später rief die Krankenschwester an. Was sie mir dann sagte, begann meiner Erinnerung nach fast wie ein schlechter Scherz: Es gebe eine gute Nachricht und eine schlechte Nachricht.

Die gute Nachricht sei, dass unser Sohn kein Down-Syndrom habe. Die schlechte Nachricht sei, dass er zwei Chromosomen habe, die miteinander verbunden seien. Sie erklärte, wenn entweder bei Joe oder bei mir dieselbe

Besonderheit vorhanden wäre, müsste mit unserem Sohn eigentlich alles in Ordnung sein. Wenn es jedoch bei keinem von uns beiden vorkäme, würde das bedeuten, dass in der Ausstattung der Gene unseres Babys etwas fehlte.

»Dass etwas fehlt?« Ich versuchte, nicht zu schreien. »Was denn? Was heißt das?«

»Tut mir Leid, Mrs. Horning, wir können unmöglich sagen, was mit ihm nicht stimmt, ehe er nicht geboren ist. Nun, das Beste für Sie und Ihren Mann wäre, wenn Sie gleich zu einer Blutuntersuchung vorbeikämen.«

»Gleich? Wir können es heute herausfinden?«

»Wir können heute die Untersuchung durchführen. Die Ergebnisse haben wir dann in fünf Tagen.«

Da verlor ich die Beherrschung. Ich wurde hysterisch. Ich kann mich nicht erinnern, in meinen ganzen vierunddreißig Lebensjahren jemals so geschrien oder geweint zu haben. Ich fühlte mich, als hätte mir jemand einen Schlag in den Magen versetzt, und als käme ich nur wieder zu Atem, um erneut einen verpasst zu kriegen.

Ich erinnere mich, dass ich Joe in der Arbeit anrief, noch immer hysterisch.

»Colleen, Liebling, hör mir zu. Ich möchte, dass du nach nebenan gehst ins Nachbarhaus, okay? Colleen? Ich mach Schluss, sobald ich kann, aber ich möchte nicht, dass du jetzt allein bleibst.«

Aber seine Worte und dringenden Aufforderungen, dass ich bei jemandem Hilfe suchen sollte, konnten mich nicht beruhigen. Ich ließ den Hörer auf die Gabel fallen.

Während ich keuchend neben dem Telefon saß, wurde mir bewusst, dass der Mechaniker noch immer im vorderen Raum arbeitete. Ich konnte nicht glauben, dass er dies alles mit angehört hatte. Noch immer weinend, ging ich um die Ecke.

Er stand in der Türöffnung, als ob er auf mich warten würde. Bevor ich etwas sagen konnte, führte er mich zu einem Sessel. »Setzen Sie sich«, wies er mich an. »Setzen Sie sich einfach hin, und kommen Sie wieder zu Atem.«

Seine Anweisungen und der sanfte Ton überrumpelten mich. Während ich dasaß und atmete, fühlte ich, dass ich mich beruhigte.

Dieser Fremde setzte sich direkt mir gegenüber hin. Mit ruhiger Stimme berichtete er mir, wie er und seine Frau ihr erstes Kind verloren hatten. Das Baby war tot zur Welt gekommen, weil sie nicht erkannt hatten, dass seine Frau während ihrer Schwangerschaft Diabetes bekommen hatte. Er erklärte, wie schwer es ihnen gefallen war, sich damit abzufinden, aber schließlich mussten sie einsehen, dass dies etwas war, das sich ihrer Kontrolle entzog.

Er sah mich an und sagte: »Ich kann Ihnen nachfühlen, wie sehr Sie jetzt leiden. Aber Sie können nichts weiter unternehmen, als Vertrauen zu haben und sich klar zu machen, dass das, was mit Ihrem Baby geschieht, außerhalb Ihrer Kontrolle liegt. Je mehr Sie versuchen, die Kontrolle über Ihr Baby und über die Untersuchungen zu behalten, desto mehr wird Sie Ihre Unfähigkeit, irgendetwas zu ändern, belasten.«

Er nahm meine Hand und sagte mir, vor ein paar Monaten sei ihr zweites Kind zur Welt gekommen. Diesmal habe es keine Probleme gegeben. Er und seine Frau seien nun glückliche Eltern eines gesunden kleinen Mädchens.

Er sagte mir, er denke noch immer an sein erstes Kind, einen kleinen Jungen, aber aus welchem Grund auch immer – es habe eben nicht sein sollen. Er bat mich, doch bitte zu versuchen, den Glauben in Bezug auf mein Baby zu bewahren, und meinte, er habe das Gefühl, dass unsere Situation sich schließlich zum Guten wenden werde.

Dann stand er auf, genauso ruhig, wie er mir seine Geschichte erzählt hatte, und ging zur Haustür. Er drehte sich um und sagte mir, er sei fertig, die Alarmanlage sei wieder in Ordnung.

Er hatte mir auf eine Weise geholfen, wie es niemand sonst vermocht hatte – was konnte ich da noch sagen? Ich brachte nur ein kleinlautes Danke heraus.

Dann fiel mir ein, dass ich ihn nicht bezahlt hatte.

Er lächelte und sagte, ich sei ihm nichts schuldig. Er bitte mich nur um eines: den Glauben zu bewahren.

Das Timing war perfekt, wie sich herausstellte.

COLLEEN DERRICK HORNING

Anmerkung des Herausgebers: Colleens und Teds Sohn wurde vier Monate später geboren. Er wog 4153 Gramm und sah aus wie das blühende Leben.

Lass dich zuerst auf andere ein

> Je mehr wir wissen, desto leichter vergeben wir. Wer wirklich fühlt, fühlt mit allen lebenden Wesen.
>
> Madame de Staël

Craig war während des Studiums ein enger Freund von mir. Er brachte Energie und Leben in jeden Raum, den er betrat. Im Gespräch hörte er einem aufmerksam zu, was einem das Gefühl gab, wichtig zu sein. Alle liebten ihn.

An einem sonnigen Herbsttag saßen Craig und ich in unserer gewohnten Studierecke. Ich blickte aus dem Fenster und sah, wie einer meiner Professoren über den Parkplatz ging.

»Ihm möchte ich lieber nicht begegnen«, sagte ich.

»Warum nicht?«, fragte Craig.

Ich erzählte ihm, dass der Professor und ich im letzten Sommersemester nicht im Guten auseinander gegangen waren. Ich hatte ihm ein paar Dinge übel genommen und ihn im Gegenzug auch nicht gerade freundlich behandelt. »Und außerdem«, fügte ich hinzu, »mag der Typ mich nicht.«

Craig schaute auf die vorbeigehende Gestalt. »Vielleicht hast du alles nur in den falschen Hals gekriegt«, sagte er. »Vielleicht bist du derjenige, der sich abwendet – und du tust es, weil du Angst hast. Er denkt wahrscheinlich, dass du ihn nicht magst, und ist deshalb unfreundlich zu dir. Jeder Mensch mag die Menschen, die ihn auch mögen. Wenn du ihm zeigst, dass du an ihm interessiert bist, ist er auch an dir interessiert. Geh und rede mit ihm.«

Craigs Worte leuchteten mir ein. Ich lief also kurz entschlossen die Treppe hinunter zum Parkplatz und begrüßte meinen Professor freundlich. Als ich ihn fragte, wie seine Sommerferien gewesen waren, schaute er mich überrascht an. Und während wir in ein Gespräch vertieft zusammen weitergingen, stellte ich mir vor, wie sich Craig oben am Fenster darüber freute.

Craig machte mir ein einfaches Prinzip klar. Es war so einfach, dass ich mich wunderte, nicht selbst darauf gekommen zu sein. Wie die meisten jungen Menschen fühlte ich mich unsicher und fürchtete das Werturteil von anderen – dabei hatten die anderen Angst davor, wie ich sie bewertete. Von diesem Moment an sah ich in den Augen der anderen nicht mehr die Verurteilung, sondern ihr Bedürfnis nach Nähe und nach der Möglichkeit, etwas von sich mitzuteilen. Ich entdeckte eine Welt voller Menschen, die ich sonst gar nicht beachtet hätte.

Einmal zum Beispiel kam ich auf einer Bahnfahrt quer durch Kanada mit einem Mann ins Gespräch, den niemand beachtete, weil er, wenn er sprach, wie ein Betrunkener klang. Wie sich herausstellte, hatte er einen Schlaganfall erlitten und befand sich auf dem Weg der Besserung. Er war jahrelang Lokomotivführer auf der Strecke gewesen, auf der wir gerade fuhren. Bis spät in die Nacht hinein erzählte er mir die Geschichte eines jeden Streckenabschnitts: Pile O'Bones Creek, benannt nach tausenden von Büffelskeletten, die indianische Jäger dort zurückgelassen hatten; der legendäre Big Jack, ein schwedischer Gleisarbeiter, der fünfhundert Pfund schwere Eisenbahnschienen hochheben konnte; ein Schaffner, der sich als Reisebegleiter ein kleines Kaninchen hielt.

Als die Morgensonne den Horizont färbte, nahm er meine Hand und schaute mir in die Augen. »Danke fürs Zuhören. Die meisten Menschen hätten sich nicht dafür interessiert.« Es war nicht notwendig, dass er sich bei mir bedankte, denn das Vergnügen war ganz auf meiner Seite.

An einer lauten Straßenecke in Oakland, Kalifornien, fragte mich eine Familie nach dem Weg. Es stellte sich heraus, dass sie von der einsamen Nordwestküste Australiens kamen. Ich fragte sie bei einer Tasse Kaffee über ihr Leben in Australien aus, und sie erzählten mir begeistert von riesigen Salzwasserkrokodilen »mit einem Rücken, so breit wie die Motorhaube eines Autos«.

Jede Begegnung wurde zu einem Abenteuer, jede Person zu einer Lektion des Lebens. Alle hatten genauso viele Träume und Zweifel wie ich. Und wenn man bereit war zuzuhören, hatte jeder eine einzigartige Geschichte zu erzählen.

Ein alter, stoppelbärtiger Hobo erzählte mir, wie er seine Familie zur Zeit der großen Depression in den Dreißigerjahren des vorigen Jahrhunderts dadurch ernährt hatte, dass er mit einer Schrotflinte in einen Teich geschossen und die verblüfften Fische von der Wasseroberfläche eingesammelt hatte. Ein Verkehrspolizist vertraute mir an, dass er seine Handzeichen von Stierkämpfern und Dirigenten abgeschaut hatte. Und eine junge Friseurin erzählte mir von der Freude, die sie empfand, wenn sie Patienten einer Privatklinik über eine neue Frisur lachen sah, die sie sich gerade hatten machen lassen.

Wie oft lassen wir uns die Gelegenheit, miteinander zu sprechen, entgehen. Das schüchterne Mädchen, der Junge mit der abgewetzten Kleidung – sie alle haben genauso interessante Geschichten zu erzählen wie du. Und wie du wünschen auch sie sich, dass ihnen jemand zuhört.

Craig kannte dieses Geheimnis. Lass dich zuerst auf die anderen ein und stell ihnen erst dann Fragen. Das Licht, das du anderen schenkst, wird hundertfach auf dich zurückgeworfen.

Kent Nerburn

Das kleine Mädchen, das sich zu wünschen traute

Als Amy Hagadorn um die Ecke des Flures gegenüber von ihrem Klassenzimmer bog, stieß sie mit einem großen Jungen aus der fünften Klasse zusammen, der in die entgegengesetzte Richtung lief.

»Pass auf, du Zwerg«, schrie der Junge und sprang um die kleine Drittklässlerin herum. Dann hielt der Junge mit einem blöden Grinsen im Gesicht sein rechtes Bein fest und äffte Amy nach, wie sie beim Gehen humpelte.

Amy schloss ihre Augen. *Ignoriere ihn,* sagte sie sich und steuerte auf ihr Klassenzimmer zu.

Doch am Ende des Tages dachte Amy immer noch an das gemeine Nachäffen dieses großen Jungen. Es war nicht so, dass er der Einzige war. Seit Amy in der dritten Klasse war, schien es ihr, als ob sie jeden einzelnen Tag von irgendjemandem aufgezogen wurde. Die Kinder hänselten sie wegen ihrer Aussprache oder weil sie humpelte. Amy konnte es nicht mehr ertragen. Manchmal fühlte sie sich durch diese Hänselei völlig allein, auch wenn noch viele andere Schüler im Klassenzimmer waren.

Am Abend war Amy zu Hause beim Abendessen sehr still. Ihre Mutter wusste, dass es in der Schule nicht so gut lief. Deshalb war Patti Hagadorn froh, dass sie ihrer Tochter aufregende Neuigkeiten mitteilen konnte.

»Im Radio gibt es einen Weihnachtswunsch-Wettbewerb«, verkündete Amys Mutter. »Man kann einen Preis gewinnen, wenn man einen Brief an den Weihnachtsmann schreibt. Ich meine, dass jemand mit blonden Locken an diesem Tisch teilnehmen sollte.«

Amy kicherte. Der Wettbewerb würde Spaß machen. Sie begann sich zu überlegen, was sie sich am meisten zu Weihnachten wünschte.

Als ihr die Idee zum ersten Mal in den Sinn kam, huschte ein Lächeln über Amys Gesicht. Sofort waren Papier und Stift zur Hand, und Amy machte sich an die Arbeit, um ihren Brief zu schreiben. »Lieber Weihnachtsmann«, begann sie.

Während Amy in ihrer saubersten Schönschrift vor sich hin schrieb, versuchte der Rest der Familie zu erraten, mit welchem Wunsch sie sich an den Weihnachtsmann wenden würde. Amys Schwester Jamie und Amys Mutter vermuteten beide, dass ganz oben auf Amys Wunschzettel eine Barbie-Puppe stehen würde. Amys Vater tippte auf ein Bilderbuch. Doch Amy war noch nicht bereit, ihren geheimen Wunsch an den Weihnachtsmann zu verraten.

In ihrem Brief an ihn schrieb sie an jenem Abend:

Lieber Weihnachtsmann.

Ich heiße Amy. Ich bin neun Jahre alt. Ich habe in der Schule ein Problem. Kannst du mir helfen, Weihnachtsmann? Die Kinder lachen über mich, über die Art, wie ich gehe, laufe und rede. Mein Gehirn ist gelähmt. Ich

wünsche mir nur einen Tag, an dem niemand über mich lacht oder Witze über mich macht.
Herzliche Grüße *Amy*

Bei dem Radiosender WJLT in Fort Wayne in Indiana trafen unzählige Briefe für den Weihnachtswunsch-Wettbewerb ein. Beim Lesen der Briefe freuten sich die Mitarbeiter des Senders über all die verschiedenen Geschenke, die sich die Jungen und Mädchen aus der ganzen Stadt zu Weihnachten wünschten.

Als Amys Brief beim Radiosender ankam, las Lee Tobin, der Chefredakteur, ihn sorgfältig durch. Er wusste, dass Gehirnlähmung eine Muskelstörung war, die Amys Schulkameraden möglicherweise verunsicherte, weil sie diese Krankheit nicht verstanden. Er dachte, dass es den Menschen in Fort Wayne gut tun würde, über diese besondere Schülerin in der dritten Klasse etwas zu erfahren. Mr. Tobin rief bei der Lokalzeitung an.

Am nächsten Tag erschien ein Foto von Amy und ihr Brief an den Weihnachtsmann auf der Titelseite der Tageszeitung *News Sentinel*. Im ganzen Land berichteten die Tageszeitungen sowie die Radio- und Fernsehsender über die Geschichte dieses kleinen Mädchens aus Fort Wayne in Indiana, das einen so einfachen und doch so bemerkenswerten Weihnachtswunsch hatte: nur einen einzigen Tag ohne Hänseleien.

Von heute auf morgen war der Postbote Dauergast bei den Hagadorns. Jeden Tag trafen Briefe in allen Größen von Kindern und Erwachsenen aus dem ganzen Land bei Amy ein. Neben Weihnachtsgrüßen enthielten sie viele ermutigende Worte.

Während dieser unvergesslichen Weihnachtszeit bekam Amy von über zweitausend Menschen aus der ganzen Welt freundliche, unterstützende Briefe. Amy und ihre Familie lasen jeden einzelnen Brief. Einige der Schreiber hatten Behinderungen, andere waren als Kinder gehänselt worden. Jeder Absender hatte eine spezielle Botschaft für Amy. Durch diese Karten und Briefe von Fremden gewann Amy einen kurzen Einblick in eine Welt voller Menschen, die sich wirklich umeinander sorgten. Ihr wurde klar, dass noch so häufige oder gemeine Hänseleien bei ihr nie wieder ein Gefühl von Alleinsein auslösen würden.

Viele Menschen dankten Amy, dass sie so mutig gewesen war und ihren Mund aufgemacht hatte. Andere ermunterten sie dazu, die Sticheleien zu ignorieren und erhobenen Hauptes ihren Weg zu gehen. Lynn aus einer sechsten Klasse in Texas schickte ihr diese Nachricht:

»Ich möchte gern deine Freundin sein«, schrieb sie, »und wenn du mich besuchen kommst, können wir viel Spaß miteinander haben. Niemand wird sich über uns lustig machen, denn wenn sie es tun, hören wir es einfach nicht.«

Amys Wunsch nach einem besonderen Tag ohne Hänseleien an ihrer Grundschule ging in Erfüllung. Zusätzlich bekam jeder an der Schule ein besonderes Geschenk. Lehrer und Schüler diskutierten gemeinsam darüber, wie schlimm Sticheleien für die Betroffenen sein können.

In jenem Jahr rief der Bürgermeister von Fort Wayne den 21. Dezember in der ganzen Stadt offiziell als den Amy-Jo-Hagadorn-Tag aus. Der Bürgermeister erklärte, dass Amy allen eine universelle Lektion erteilt hatte, indem sie es wagte, solch einen einfachen Wunsch zu äußern.

»Jeder Mensch«, sagte der Bürgermeister, »wünscht sich und verdient es, mit Respekt, Würde und Wärme behandelt zu werden.«

Alan D. Shultz

Großvaters Bienen

> Ich wusste es schon seit langem, aber nun habe ich es selbst erfahren. Jetzt weiß ich es nicht nur durch meinen Verstand, sondern auch durch meine Augen, mein Herz, meinen Magen.
>
> Hermann Hesse

Lange Zeit bevor ich geboren wurde, zogen meine Großmutter und mein Großvater in das Haus an der Beechwood Avenue. Sie waren eine junge Familie mit vier kleinen Mädchen. Die kleinen Mädchen schliefen in einem großen Federbett in der Mansarde. Im Winter war es dort kalt. Großmutter legte am Fußende des Bettes heiße Steine unter die Bettdecke, um die Mädchen warm zu halten.

Während der Zeit der großen Wirtschaftskrise fanden alle nur sehr schwer Arbeit, und deshalb nahm Großvater jeden Job an, den er kriegen konnte. Unter der Woche hob er Gräben aus, und am Wochenende arbeiteten er und Großmutter im Garten, um ihr eigenes Gemüse anzubauen.

Das Haus an der Beechwood Avenue hatte einen großen Hof, in dem Schatten spendende Bäume und Obstbäume standen. In der Mitte des Hofes gab es eine Wasserpumpe, mit der die vier kleinen Mädchen Wasser zum Kochen, Saubermachen und zum Bewässern des Gartens pumpten. Auf einer Seite des Gartens pflanzten Großmutter und

Großvater Tomaten, Bohnen, Kürbisse, Gurken, Paprika und Erdbeeren, um ihre wachsende Familie zu ernähren. Auf der anderen Seite des Hofes um die Statue der heiligen Mutter Gottes herum pflanzten sie Rosen, Geranien, Spanischen Flieder und Iris.

Alle arbeiteten mit, damit im Garten alles fortwährend wuchs und gedieh. Den ganzen Sommer über aß die Familie Obst und Gemüse aus dem Garten und erfreute sich an den schönen Blumen. Großmutter kochte Erdbeermarmelade und machte Tomaten, Bohnen, Paprika, Birnen und Pfirsiche ein. Davon ernährte sich die Familie den langen Winter über.

Die Zeit schritt voran, und nach nicht allzu vielen Jahren kamen die Enkelkinder zu Besuch. Großmutter und Großvater bestellten ihren Garten nach wie vor jeden Frühling. Alle freuten sich immer noch über die guten Früchte aus dem Garten und bekamen stets etwas mit auf den Weg.

Die Enkelkinder wuchsen heran, und die Großeltern wurden älter. Für Großmutter und Großvater wurde es schwieriger, den Garten in Schuss zu halten, und sie verkleinerten ihn etwas. Es gab immer noch genug Obst und Gemüse aus dem Garten, und die schönen Blumen waren eine Freude. Während eines Sommers dann, als Großvater neunundachtzig Jahre alt war, konnte er nur noch aus seinem Gartenstuhl heraus zusehen, wie das Gemüse wuchs und die Rosen blühten. Der Sommer neigte sich seinem Ende zu, und Großvater starb, bevor es Zeit wurde, die Ernte einzubringen.

Für Großmutter war es ein einsamer Winter. Sie saß am Fenster, schaute hinaus und fragte sich, ob sie im Frühling den Garten bestellen sollte. Es würde schwer sein, sich ganz allein darum zu kümmern. Als der Frühling nahte, bepflanzte sie nur einen kleinen Teil des Gartens.

An einem sonnigen Tag im Frühsommer hörte meine Großmutter ein Getöse im Hof und schaute aus dem Fenster, wo sich ihr ein beängstigender Anblick bot. Ein riesengroßer Schwarm Bienen füllte den Luftraum zwischen zwei großen Bäumen. Es flogen tausende von Bienen durch die Luft, und es waren so viele, dass der Schwarm an die oberen Spitzen der Bäume heranreichte! Das Summen war enorm.

Großmutter beobachtete, wie die Bienen in ein Loch ganz oben in einem der Bäume flogen. Es dauerte nicht lange, und alle Bienen waren in ihrem neuen Zuhause verschwunden.

Großmutter fragte sich, was in aller Welt sie tun sollte. Sollte sie jemanden anheuern, um die Bienen loszuwerden? Das wäre teurer, als sie es sich leisten konnte. Sie beschloss zu warten und noch einmal darüber nachzudenken.

Während der nächsten paar Tage kümmerten sich die Bienen geschäftig um ihre eigenen Angelegenheiten. Großmutter konnte immer ein paar Bienen sehen, die hoch oben summend bei der Baumöffnung heraus- oder hineinflogen. Bald hatte sie entschieden, dass die Bienen niemanden störten, sodass sie weiter ihrer Arbeit nachging und nicht mehr darüber nachdachte.

In jenem Sommer gedieh Großmutters kleiner Garten. Die Nachbarn blieben stehen und bewunderten ihre große Gemüseernte und fragten sich etwas verwirrt, warum ihre eigenen Gärten keine so gute Ernte abwarfen. Großmutter hingegen hatte genug, um etwas abzugeben. Selbstverständlich wurde jeder, der sie besuchte, zu einer Mahlzeit gedrängt, die aus den guten Erzeugnissen ihres Gartens zubereitet war.

Eines Tages kam Großmutters Bruder Frank aus Arizona zu Besuch. Als Großmutter ihm ein köstliches Mittagsmahl aus Kürbispfannkuchen und selbst gemachtem Apfelmus zubereitete, erzählte sie ihm die Geschichte über den Bienenschwarm.

Frank sagte: »In Arizona engagieren die Farmer häufig Bienenzüchter, damit sie ihre Bienenvölker in der Nähe der Felder ausschwärmen lassen. Die Bienen befruchten das Getreide und unterstützen sein Wachstum.«

Da erkannte Großmutter, dass die Bienen ihr den ganzen Sommer über im Garten geholfen hatten.

»Deshalb hatte mein kleiner Garten also eine so reiche Ernte!«, rief sie.

Seitdem ist Großmutter der festen Überzeugung, dass Großvater ihr, nachdem er selbst ihr in jenem Sommer nicht mehr helfen konnte, die Bienen geschickt hatte, die seinen Platz einnehmen und Großmutters kleinen Garten gedeihen lassen sollten.

BARBARA ALLMAN

Eine Glaubensprüfung

Liebe heilt die Menschen, jene, die sie geben, und jene, die sie erhalten.

KARL MENNINGER

Die Luft war etwas kühl, als Wes Anderson am Abend in seine silberne Limousine stieg. Es war 20.30 Uhr am 7. März 1994, und der kräftige vierunddreißigjährige Prediger der Carmichael Christian Church, einer evangelischen Gemeinde in Sacramento, Kalifornien, kam gerade von einem Treffen mit mehreren Gemeindemitgliedern.

»Einen schönen Abend noch, Herr Pastor«, rief ihm ein Mitglied seiner Gemeinde zu.

»Den werde ich haben«, antwortete Wes und fügte freundlich ermahnend mit seiner für die Leute aus Tennessee typischen breit näselnden Sprechweise hinzu: »Wir sehen uns hoffentlich alle am Sonntag.«

Wes hatte auf dem College Strafrecht studiert, als er sich zur Kirche hingezogen fühlte. Er kam 1992 nach Carmichael, und die hundertzehn Mitglieder umfassende Gemeinde reagierte positiv auf den unkomplizierten Mann mit dem stets breiten Lächeln im Gesicht.

Auf dem Heimweg sah Wes, dass eines seiner Gemeindemitglieder, die achtundsiebzig Jahre alte Dorothy Hearst, in einen leichten Unfall mit Blechschaden verwickelt war, an dem drei Wagen beteiligt waren. Er hielt an, um zu helfen, und war erleichtert, dass ihr nichts Ernsthaftes fehlte.

Plötzlich wurden sie von schnell näher kommenden Scheinwerfern geblendet. »Dorothy!«, schrie Wes, »er fährt uns um!« Wes schubste sie noch rechtzeitig aus dem Weg, als ein Kombi ihn rechts erwischte und an Dorothys Wagen schleuderte. Er spürte einen stechenden Schmerz im rechten Bein. Dann lag er zuckend auf dem Asphalt, sein rechtes Bein war fast abgetrennt.

In der Notaufnahme der Universitätsklinik von Kalifornien in Davis drückte ein Arzt dem Pastor ein Formular für die Einwilligung zur Operation in die Hand. »Es tut mir Leid«, sagte er. »Ihr rechtes Bein muss möglicherweise amputiert werden.«

Kurz nach der Operation fühlte Wes einen stechenden, lähmenden Schmerz in seiner rechten Wade. Er fasste nach unten, um seine Wade zu reiben, und schreckte sofort zurück. Dort war nichts.

Phantomschmerzen – physische Empfindungen, die bei Amputierten auftreten, wenn das Gehirn signalisiert, dass die betreffenden Gliedmaßen noch vorhanden sind – würden von jetzt an wie quälende Geister kommen und gehen. Jedes Mal würde sein Gesicht vor Schmerzen verzerrt sein, blitzartigen, stechenden Schmerzen in dem Bein, das nicht mehr da war. All das wegen James Allen Napier, einem betrunkenen Autofahrer, der nur acht Monate im Gefängnis sitzen würde.

Die Tage vergingen, und Wes fiel in ein tiefes Loch.

Nach der Operation war sein noch vorhandenes Bein mit Narben überzogen. Rote Striemen verliefen in Zickzacklinien über seinen Bauch, eine Straßenkarte, die Auskunft darüber gab, wo Gewebe für die Hauttransplantation entnommen worden war.

»Das ist nicht fair«, beschwerte er sich bei seinem Freund Mike Cook, dem Pastor von Sylvan Oaks, der Nachbargemeinde mit der gleichen Konfession. »Ich wollte einmal heiraten und Kinder haben. Welche Frau kann mich mit all diesen Verletzungen und Narben noch lieben?«

»Das Leben ist nicht fair«, antwortete Mike. »Sollte es das sein? Du hast gesehen, dass guten Menschen Schreckliches zugestoßen ist. Denk daran, Wes, du hast ein Leben gerettet. Ich weiß, es ist schwer, daran zu glauben, aber Gott hat seine Gründe.«

Wes schaute zur Seite. Er predigte seiner Gemeinde immer, auch in schweren Zeiten am Glauben festzuhalten. »Gott hat immer einen Plan«, sagte er oft zu ihnen. »Vertraut seinem Willen.« Doch die Worte, von denen er einst glaubte, dass sie so kraftvoll seien, erschienen ihm plötzlich nichts sagend.

Ein Reporter der Zeitung *Sacramento Bee* rief an; er wollte eine Story über Wes schreiben. Wes reagierte instinktiv ablehnend, er wollte nicht als Held dargestellt werden. Der Reporter versprach, nur das zu berichten, was sich ereignet hatte, und Wes gab schließlich nach. *Wer weiß*, dachte er, *vielleicht hilft es irgendjemandem.*

Virginia Bruegger ließ die Ausgabe des *Sacramento Bee* vom 16. März 1994 auf den Stapel neben ihrem Bett fallen. Der Tag war mal wieder – wie so oft – eine einzige Strapaze gewesen. Zuerst sprang ihr Wagen nicht an; dann verpasste sie den Bus. In den letzten anderthalb Jahren hatte die achtunddreißig Jahre alte allein erziehende Mutter einen nie endenden Stundenplan, voll gestopft mit Seminaren, eigenen Studien und Referendariaten, um ihr Examen im Fach Verhaltensforschung an der Universität von Kalifornien in Davis zu bestehen. Kurz vor Ende der ersten Hälfte ihres letzten Studienjahres versiegten nun ihre ohnehin sehr knappen Geldquellen.

Als sie sich an diesem Abend gerade zum Lernen in der Küche niedergelassen hatte, bekam ihr sechzehnjähriger Sohn eine Lebensmittelvergiftung. Um drei Uhr nachts schleppte Virginia sich völlig erschöpft in ihr Zimmer. Der Druck, der auf ihr lastete, war plötzlich übermächtig groß. *Tue ich das Richtige?*, fragte sie sich. *Werde ich nach dem Examen einen Job finden können?*

Eine Schlagzeile aus der Zeitung sprang ihr ins Auge: »Pastor verlor sein Bein, als er Frau vor Unfall bewahrte.« Sie hob den Teil auf und begann zu lesen.

Mein Gott, dachte sie, *was hat dieser Mann durchgemacht!* Virginia hielt inne, als sie den Grund las, den der Pastor für seine Einwilligung zur Berichterstattung seiner Geschichte angab: Sie könne Menschen möglicherweise helfen, »sich geistig auf den Weg zu machen«.

Es ist so, als spräche er direkt zu mir, dachte sie. Als Kind wurde Virginia in der kleinen Stadt Bushton in Kansas religiös erzogen. Doch seit ihrer Scheidung hatte sie sich von ihrem Glauben entfernt; jetzt konnte sie sich kaum noch an ein einziges Gebet erinnern.

Als am Morgen die ersten Sonnenstrahlen hervorkamen, drängte sich der Beginn ihrer Seminare bereits wieder drohend in den Vordergrund ihres Bewusstseins. *Heute nicht,* dachte Virginia. *Irgendetwas sagte ihr, dass sie diesen Mann treffen müsse.*

Als Wes nach seiner siebten Operation in zehn Tagen aufwachte, wusste er nicht, was er mit der Frau anfangen sollte, die mit einer Efeupflanze in der Hand an seiner Tür stand. Ihre strahlenden braunen Augen schauten schüchtern herein, dann lachte sie, und ihr ganzes Gesicht hellte sich auf. »Ich wollte Ihnen nur danken«, begann Virginia und suchte nach Worten. *Was sage ich zu ihm?* überlegte sie. Dutzende von Karten lagen auf einem Beistelltisch und hingen an der Wand neben dem Bett. Blumen, die von Freunden, der Familie und der Gemeinde von Wes geschickt worden waren, blühten in jeder Ecke. Seine Geschichte hatte offensichtlich viele Menschen bewegt, nicht nur sie.

»Ich habe Ihre Geschichte in der Zeitung gelesen und wollte Ihnen erzählen, was sie in mir ausgelöst hat«, sagte Virginia. »Sie hat meine Sichtweise dessen verändert, was ich gerade durchgemacht habe. Ich habe gerade eine harte Zeit vor und hinter mir.«

Hört sich das wie Jammern an?, überlegte sie. *Dieser*

Mann hat schließlich eine richtige Prüfung hinter sich – nicht nur ein paar Sorgen wegen Rechnungen und Studium. Der interessierte Gesichtsausdruck von Wes ließ sie weitersprechen. »Ihre Geschichte machte mir klar, dass ich für mich wieder eine Beziehung zu Gott herstellen muss.«

Wes schaute sie forschend an. Seitdem er im Krankenhaus lag, hatte Wes fast keinen Moment ohne Schmerzen erlebt. Nun war er aber weniger mit sich beschäftigt, sondern mehr damit, wie er helfen konnte. »Sind Sie Mitglied einer Gemeinde?«, fragte er.

Virginia schüttelte den Kopf. Wie einfach. *Er hat den Nagel auf den Kopf getroffen,* dachte sie und streckte ihre Hand aus, um seine zu schütteln. Wes nahm sie, aber er zog seine Hand schnell wieder zurück. *Hoffentlich war ich nicht aufdringlich,* dachte sie.

Wes hatte nicht die Absicht gehabt, sich zurückzuziehen. Er handelte instinktiv; er fühlte sich immer noch verletzt und war erschöpft. Umso komischer, dass sie ihm dankte. Aus irgendeinem Grund war er es, der sich besser fühlte.

Innerhalb von einer Woche, nachdem sie Wes besucht hatte, fand Virginia eine Gemeinde in ihrer Nähe und sandte eine Nachricht an Wes. Dann besuchte sie ihn zwei Wochen später ein zweites Mal. Sie diskutierten über ihre Seminare und Jobaussichten und sprachen über die Fortschritte in seiner Physiotherapie.

Ich kann mich so einfach mit ihm unterhalten, überlegte Virginia auf dem Heimweg. Alle paar Tage würde sie ihm eine Nachricht senden oder vorbeischauen.

Ungefähr zwei Monate nach seinem Unfall rief Virginia Wes an.

»Ich werde heute entlassen!«, sagte er und war kaum in der Lage, die Aufregung in seiner Stimme zu unterdrücken.

Nachdem sie aufgelegt hatte, überkam Virginia ein unerklärliches Gefühl. Sie sprang in ihren Wagen und fuhr zum Krankenhaus.

»Was machst du hier?«, fragte Wes überrascht.

»Ich weiß nicht recht«, erwiderte Virginia etwas unsicher. »Ich hatte einfach das Gefühl, dass ich hier sein müsste.«

»Ja, ich bin froh, dass du hier bist«, sagte er und lachte.

Als sie sich seiner kleinen A-förmigen Kirche näherten, füllten sich Wes' Augen mit Tränen. An einem schwarzen schmiedeeisernen Zaun hingen Dutzende von gelben Bändern, die wie helle Blumen zu blühen schienen. Die Kinder der Grundschule der Gemeinde hüpften auf und ab und winkten seinem Wagen zu. Transparente verkündeten: »Wir lieben dich! Willkommen daheim, Mr. Anderson!«

Virginia war ebenfalls sehr gerührt.

Im Juni schritt Virginia stolz mit Barett und Talar den Gang des Auditoriums hinunter und nahm ihr Zeugnis entgegen. Wes hatte einen Glückwunschstrauß geschickt, wegen kirchlicher Verpflichtungen konnte er nicht selbst kommen. Ein paar Tage später trafen sich die beiden Freunde mit ihren Eltern zum Abendessen. Sie hatten vieles gemeinsam. Die Eltern beider waren seit über vierzig Jahren verheiratet; sie waren beide im methodistischen Glauben erzogen worden.

»Du sprichst sogar wie ich«, flachste Wes.

»Ich mag eine breite Aussprache haben«, konterte Virginia scherzhaft, »aber es ist nicht so arg.«

Zu Hause machte Wes sich gerade fertig, um in die Kirche zu gehen, und knöpfte sein Hemd zu. Plötzlich merkte er, wie er rückwärts zu Boden fiel. Er stürzte genau auf seinen Stumpf und schrie vor Schmerz auf. Die nächsten neun Tage verbrachte Wes im Bett. Er war immer stolz auf seine Unabhängigkeit und Stärke gewesen. Nun überkamen ihn Zweifel und Depressionen.

Er stellte sogar seine Beziehung zu Virginia infrage. »Ich mag sie wirklich«, sagte Wes zu Mike. »Ich mache mir nur Sorgen, dass es von ihrer Seite aus Mitleid ist. Ich war nie ein Hollywoodstar, aber schau mich doch jetzt an.«

»Wes, du bist als Mensch nicht weniger wert als vor dem Unfall«, erwiderte Mike. »Wichtig ist das, was innen ist.«

Virginia hatte schon mehrere Tage nichts mehr von Wes gehört. Sie dachte über ihr letztes Treffen nach, eine Fahrt zum Muir Woods Monument. *Habe ich etwas falsch gemacht?* überlegte sie.

Als Wes schließlich anrief, lud er sie auf die große Kirmes ein und überraschte sie, indem er sie mit seinem Wagen abholte, der jetzt seinem fehlenden Bein gerecht umgebaut war. Sie saßen unter einem mit Sternen bedeckten Himmel und schauten sich das Feuerwerk an.

»Ich habe mich schon gefragt, wann ich dich wiedersehen würde«, meinte Virginia.

»Entschuldige«, entgegnete Wes. »Ich verabrede mich eben nicht oft. Wenn ich mit jemandem ausgehe, betrachte ich das als etwas Ernstes. Ich schätze unsere Freundschaft, und ich wollte sie nie gefährden. Ich wollte nur …«

Virginia unterbrach ihn. »Wes, bevor du weiter sprichst …«

Wes senkte den Kopf. *Das hier ist die Stelle, wo sie sagen wird, lass uns einfach nur Freunde sein.*

»Du musst wissen, dass mir an dir als Mensch etwas liegt«, fuhr Virginia fort, »egal, ob du ein oder zwei Beine hast. Für mich bist du ein ganzer Mann, ein vollständiger Mensch.«

Wes hörte erstaunt zu. »Ich liebe dich«, sagte er mit gefühlvoller Stimme.

»Ich liebe dich auch«, entgegnete Virginia. Zum ersten Mal küssten sie sich.

Zu Ostern halfen Wes und Virginia bei der Organisation eines Gottesdienstes, der bei Sonnenaufgang im Freien stattfinden sollte. Wes kämpfte sich durch das nasse Gras und verlor das Gleichgewicht. Er fiel zu Boden und spürte den alten Ärger und die Zweifel in sich aufwallen.

Virginia eilte an seine Seite, doch Wes schaute nicht auf. Er hatte Angst vor dem, was er in ihren Augen sehen könnte. *Furcht? Mitleid?* Er hatte nie an ihr gezweifelt, doch er fühlte sich so verletzlich. Ein erwachsener Mann, hilflos.

In jenem Augenblick erkannte er die Wahrheit. *Ich habe mich auf das Äußere konzentriert, obwohl es mein Inneres war, das der Heilung bedurfte.*

Virginia und ein Freund halfen Wes wieder auf die Beine. Er war verwirrt und verärgert, doch am Ende fürchtete er sich nicht. *Das bin ich,* erkannte er. *Ein Mann, der ab und zu mal hinfällt, aber wieder aufsteht und dadurch jedes Mal ein wenig stärker wird.*

Am 27. Mai 1995 kam Wes durch den Seiteneingang zum Altar der Carmichael Christian Church, er trug einen weißen Smoking und umfasste einen schwarzen Stock. Er schaute zum Eingang, als Virginia in einem mit Perlen bestickten weißen Kleid von ihren Eltern begleitet auf ihn zukam.

Die Kirche war voll, als Mike Cook die Trauungszeremonie vollzog. »Zwei sind besser als einer«, las Mike aus dem Buch Kohelet. »Wenn einer fällt, kann sein Freund ihm wieder aufhelfen. Doch bemitleidenswert ist jener, der fällt und niemanden hat, der ihm aufhilft.«

Nach dem Gottesdienst stand Wes vor den Treppenstufen, die zu seiner Gemeinde führten. Hand in Hand mit Virginia ging er hinunter, Stufe um Stufe, bis sie den Fuß der Treppe erreichten.

Vor etwas mehr als einem Jahr hatte Wes sich gefragt, was Gottes Plan sei.

Nun wusste er es.

BRYAN SMITH

Geben und reich werden

Freundlichkeit in Worten erzeugt Vertrauen.
Freundlichkeit im Denken erzeugt Tiefgründigkeit.
Freundlichkeit im Geben erzeugt Liebe.
LAOTSE

Was ich habe

> Was Sie für sich behalten,
> verlieren Sie,
> was Sie weggeben,
> behalten Sie für immer.
>
> AXEL MUNTHE

Es war zwei Wochen vor Weihnachten, und das Krankenhaus, in dem ich mich von einer Operation erholte, war wirklich der letzte Ort, an dem ich jetzt sein wollte. Es war das erste Weihnachtsfest, das unsere Familie in Minnesota verbrachte, und ich wollte mich gern daran erinnern, aber nicht auf diese Weise.

Wochenlang hatte ich die Schmerzen in meiner rechten Körperseite ignoriert, aber als sie schlimmer wurden, ging ich zum Arzt. »Gallensteine«, diagnostizierte er und sah sich das Röntgenbild an. »Genug für eine ganze Halskette. Sie müssen sofort operiert werden.«

Trotz meiner Proteste, dass dies eine völlig unpassende Zeit für einen Krankenhausaufenthalt wäre, machte der nagende Schmerz in meiner rechten Körperseite mir klar, dass die Operation nicht zu vermeiden war. Buster, mein Mann, versicherte mir, dass er sich zu Hause um alles kümmern würde, und ich rief ein paar Freundinnen an, um die Fahrgemeinschaften zu organisieren. Tausend andere Dinge – die Weihnachtsbäckerei, die Einkäufe, das Dekorieren – würden warten müssen.

Nach der Operation schlief ich zwei Tage lang fast nur, und anschließend fiel es mir immer noch sehr schwer, die Augen aufzubekommen. Als ich geistig wieder etwas aufnahmefähiger wurde, sah ich mich um und kam mir vor wie in einem weihnachtlichen Blumenladen. Rote Weihnachtssterne und andere Sträuße drängten sich auf dem Fensterbrett. Ein Stapel Karten wartete darauf, geöffnet zu werden. Auf einem Gestell neben meinem Bett stand ein kleiner Baum, der mit Schmuck dekoriert war, den meine Kinder gemacht hatten. Auf dem Regal über dem Waschbecken standen ein Dutzend rote Rosen von meinen Eltern in Indiana und ein Adventskranz von unseren Nachbarn. Ich war überwältigt von so viel Liebe und Aufmerksamkeit.

Vielleicht ist es im Grunde gar nicht so schlecht, in der Weihnachtszeit im Krankenhaus zu sein, dachte ich. Mein Mann erzählte, Freunde hätten Essen für die Familie vorbeigebracht und angeboten, nach unseren vier Kindern zu sehen.

Vor dem Fenster verwandelte dichter Schneefall unsere kleine Stadt in eine Winterwunderwelt. Den Kindern wird es gefallen, dachte ich und stellte mir vor, wie sie, dick eingepackt in ihre Skianzüge, im Garten einen Schneemann bauten oder auf der Eisbahn an der Schule Schlittschuh liefen.

Ich fragte mich, ob sie Adam, unseren behinderten Sohn, einbeziehen würden. Er hatte mit seinen fünf Jahren gerade angefangen, ohne Hilfe zu laufen, und ich fragte mich besorgt, wie er mit seinen zarten Knöcheln auf dem Eis und im Schnee zurechtkommen würde. Würde irgendjemand ihn zu einer Schlittenfahrt mitnehmen?

»Hier kommen noch mehr Blumen!« Die Stimme der Krankenschwester, die mit einem herrlichen Strauß ins Zimmer trat, riss mich aus meinen Gedanken. Sie reichte mir die Karte, während sie zwischen den Weihnachtssternen auf dem Fensterbrett Platz für das Prachtstück schuf.

»Sieht so aus, als müssten wir Sie nach Hause schicken«, meinte sie scherzhaft. »Uns geht der Platz aus!«

»Da hätte ich nichts dagegen«, pflichtete ich ihr bei.

»Ach, fast hätte ich die hier vergessen!«

Sie zog weitere Grußkarten aus ihrer Tasche und legte sie auf mein Tablett. Bevor sie das Zimmer verließ, zog sie den blassgrünen Vorhang zurück, der zwischen zwei Krankenhausbetten so etwas wie einen privaten Raum schaffen sollte.

Während ich meine Genesungskarten las, hörte ich: »Meine Güte, diese Blumen gefallen mir.«

Ich sah auf; die Frau im Bett neben mir zog den Vorhang beiseite, um besser sehen zu können. »Meine Güte, Ihre Blumen gefallen mir«, wiederholte sie.

Meine Zimmergenossin war eine kleine etwa vierzigjährige Frau mit Down-Syndrom. Sie hatte kurze, krause graue Haare und braune Augen. Ihr Krankenhauskittel war am Hals nicht zugebunden, und als sie sich vorbeugte, wurde der nackte Rücken sichtbar. Ich hätte ihr den Kittel gern zugebunden, aber ich hing noch an der Infusionsnadel. Mit kindlicher Verwunderung starrte sie meine Blumen an.

»Ich bin Bonnie«, sagte ich ihr. »Und wie heißen Sie?«

»Ginger«, erwiderte sie, rollte die Augen zur Decke und presste die Lippen zusammen, nachdem sie gesprochen hatte. »Der Doc bringt meinen Fuß in Ordnung. Morgen werde ich *ohpe-riit.*«

Ginger und ich unterhielten uns bis zum Abendessen. Sie erzählte mir von dem Wohnheim, in dem sie lebte, und wie sehr sie sich wünschte, zur Weihnachtsfeier wieder dort zu sein. Sie erwähnte keine Familie, und ich fragte nicht danach. Alle paar Minuten erinnerte sie mich an ihre Operation, die für den nächsten Morgen vorgesehen war. »Der Doc bringt meinen Fuß in Ordnung«, war ihre ständige Redewendung.

An diesem Abend hatte ich verschiedene Besucher, unter anderem meinen Sohn Adam. Ginger schwatzte fröhlich mit allen und sagte ihnen, wie schön meine Blumen seien. Vor allem aber hatte sie ein Auge auf Adam. Und nachdem alle gegangen waren, wiederholte sie immer wieder, genauso, wie sie es vorher mit meinen Blumen gemacht hatte: »Meine Güte, ich mag Ihren Adam.«

Am nächsten Morgen wurde Ginger zur Operation abgeholt, und die Krankenschwester kam, um mir bei einem kurzen Ausflug über den Flur zu helfen. Es fühlte sich gut an, wieder auf den Beinen zu sein.

Nach kurzer Zeit war ich wieder in unserem Krankenzimmer zurück. Als ich durch die Tür trat, fiel mir der starke Kontrast zwischen den beiden Raumhälften auf. Gingers Bett war in Erwartung ihrer Rückkehr frisch gemacht. Aber sie hatte keine Karten, keine Blumen und keine Besucher. Meine Seite quoll über von Blumen, und der Stapel Genesungskarten erinnerte mich daran, wie sehr ich geliebt wurde.

Ginger hatte von niemandem Blumen oder eine Karte bekommen. Es hatte noch nicht einmal jemand angerufen, und sie hatte auch keinen Besuch gehabt.

Ich fragte mich, ob es Adam eines Tages genauso ergehen würde, aber dann schob ich den Gedanken schnell wieder beiseite.

Jetzt weiß ich, was ich mache, sagte ich mir. Ich werde ihr ein paar von meinen geben.

Ich ging zum Fenster und nahm den prächtigen Strauß mit den Stechpalmenzweigen und den roten Kerzen in die Hand. Aber er würde sich ausnehmend gut auf unserem Weihnachtsesstisch machen, dachte ich und stellte ihn wieder zurück. Aber wie wäre es mit den Weihnachtssternen? Dann fiel mir ein, dass die dunkelroten Blüten die richtigen Glanzpunkte für die Eingangshalle unserer Jahrhundertwendevilla wären. Und natürlich konnte ich auch die Rosen nicht weggeben, die meine Eltern mir geschickt hatten, zumal wir sie dieses Jahr zu Weihnachten nicht sehen würden.

Immer neue Ausreden fielen mir ein: Diese Blumen waren schon fast welk; die Freundin, die mir jenen Strauß gebracht hatte, würde verletzt sein; dieses kleine Geschenk könnte ich wirklich brauchen, wenn ich nach Hause käme. Von nichts konnte ich mich trennen. Ich kletterte in mein Bett zurück und beschwichtigte meine Schuldgefühle mit dem Entschluss, den Geschenkeladen im Krankenhaus anzurufen, sobald er am nächsten Morgen aufmachte, und für Ginger eigene Blumen zu bestellen.

Als Ginger von der Operation zurückkam, brachte ein Mädchen ihr einen kleinen grünen Adventskranz mit einer roten Schleife und hing ihn an die blanke weiße Wand über Gingers Bett. An diesem Abend hatte ich wieder Besuch, und obwohl Ginger sich noch von der Operation erholte, begrüßte sie jeden und zeigte ihm stolz ihren Adventskranz.

Nach dem Frühstück am nächsten Morgen kam die Krankenschwester zu Ginger, um ihr zu sagen, dass sie nach Hause könne. »Der Wagen vom Wohnheim ist unterwegs, um Sie abzuholen«, verkündete sie.

Ginger würde also rechtzeitig zu ihrer Weihnachtsfeier wieder zu Hause sein. Ich freute mich für sie, hatte aber Schuldgefühle bei dem Gedanken, dass der Krankenhaus-Geschenkeladen erst in zwei Stunden aufmachen würde.

Ich sah mich noch einmal unter meinen Blumen um. Konnte ich mich von irgendetwas trennen?

Die Krankenschwester schob den Rollstuhl neben Gingers Bett. Ginger sammelte ihre paar Habseligkeiten zusammen und zog ihren Mantel vom Kleiderbügel im Wandschrank.

»Ich hab mich wirklich gefreut, Sie kennen gelernt zu

haben, Ginger«, sagte ich. Meine Worte waren aufrichtig, aber ich hatte Schuldgefühle, weil meine guten Absichten ohne Folgen geblieben waren.

Die Krankenschwester half Ginger in den Mantel und anschließend in den Rollstuhl. Dann nahm sie den bescheidenen Adventskranz vom Nagel an der Wand und gab ihn Ginger. Sie wandte sich zur Tür und wollte gerade gehen, als Ginger sagte: »Moment noch!«

Sie stand aus ihrem Rollstuhl auf und humpelte langsam an die Seite meines Bettes. Mit ihrer rechten Hand legte sie behutsam den kleinen Kranz in meinen Schoß.

»Frohe Weihnachten«, sagte sie. »Sie sind eine nette Frau.« Und dann umarmte sie mich herzlich.

»Danke«, flüsterte ich.

Ich konnte nicht weitersprechen, während sie zu ihrem Rollstuhl zurückhumpelte und durch die Tür rollte.

Mit feuchten Augen blickte ich auf den Kranz in meinen Händen. Gingers einziges Geschenk, dachte ich. Und sie hat es mir gegeben.

Ich sah zu ihrem Bett hinüber. Wieder war ihre Hälfte des Raums leer und verlassen. Aber als ich hörte, wie die Aufzugtüren sich mit einem »Pling« hinter Ginger schlossen, wusste ich, dass sie sehr viel mehr hatte als ich.

BONNIE SHEPHERD

Die Haarnadeln

Als ich sieben Jahre alt war, hörte ich zufällig, wie meine Mutter einer ihrer Freundinnen sagte, der morgige Tag sei ihr dreißigster Geburtstag. Zwei Dinge kamen mir in den Sinn, als ich das hörte: Erstens war mir bisher nie klar gewesen, dass meine Mutter einen Geburtstag hatte; und zweitens konnte ich mich nicht daran erinnern, dass sie jemals ein Geburtstagsgeschenk bekommen hatte.

Nun, dagegen konnte ich etwas unternehmen. Ich ging in mein Schlafzimmer, öffnete mein Sparschwein und nahm das ganze Geld heraus: fünf Fünfcentstücke. Das entsprach genau meinem Taschengeld für fünf Wochen. Dann marschierte ich zu dem kleinen Laden an der Ecke und sagte dem Besitzer, Mr. Sawyer, dass ich ein Geburtstagsgeschenk für meine Mutter kaufen wolle.

Er zeigte mir alles, was in seinem Laden für einen Vierteldollar zu haben war. Da waren mehrere kleine Keramikfiguren. Die hätte meine Mutter sehr gemocht, aber sie besaß bereits ein ganzes Regal voll davon, und ich war diejenige, die sie einmal pro Woche abstauben musste. Sie waren zweifellos nicht das Richtige. Dann gab es auch ein paar Schachteln Süßigkeiten. Meine Mutter war zuckerkrank, also wusste ich, dass sie nicht in Frage kamen.

Das Letzte, das mir Mr. Sawyer zeigte, war eine Packung Haarnadeln. Meine Mutter hatte schönes, langes schwarzes Haar, und zwei Mal in der Woche wusch sie es und wickelte es auf Lockenwickler. Wenn sie die Lockenwickler am nächsten Tag abnahm, sah sie mit diesen langen, dunklen, über ihre Schultern herabfallenden Locken aus wie ein Filmstar. Also kam ich zu dem Schluss, dass diese Haarnadeln das ideale Geschenk für meine Mutter sein würden. Ich gab Mr. Sawyer meine fünf Fünfcentstücke, und er gab mir die Haarnadeln.

Ich nahm die Haarnadeln mit nach Hause und packte sie in einen farbenprächtigen Bogen aus der Comic-Beilage der Zeitung ein (für Geschenkpapier war kein Geld übrig). Am nächsten Morgen, während meine Familie am Frühstückstisch saß, ging ich auf meine Mutter zu und überreichte ihr dieses Paket mit den Worten: »Alles Gute zum Geburtstag, Mama!«

Meine Mutter saß einen Moment lang ganz verblüfft und sprachlos da. Dann riss sie, mit Tränen in den Augen, diese Comicstrip-Verpackung auf. Als sie schließlich die Haarnadeln entdeckte, schluchzte sie.

»Es tut mir Leid, Mama!«, entschuldigte ich mich. »Ich wollte dich nicht zum Weinen bringen. Ich wollte bloß, dass du einen glücklichen Geburtstag hast.«

»Oh, Schatz, ich bin glücklich!«, sagte sie mir. Und ich sah ihr in die Augen und konnte erkennen, dass sie unter ihren Tränen lächelte. »Hör mal, weißt du, dass dies das erste Geburtstagsgeschenk ist, das ich in meinem ganzen Leben bekommen habe?«, rief sie aus.

Sie küsste mich auf die Wange und sagte: »Danke, Schatz.« Sie wandte sich meiner Schwester zu und sagte:

»Schau mal her! Linda hat mir ein Geburtstagsgeschenk gekauft!« Und sie wandte sich meinen Brüdern zu und sagte: »Schaut mal her! Linda hat mir ein Geburtstagsgeschenk gekauft!« Und sie wandte sich meinem Vater zu und sagte: *»Schau mal her! Linda hat mir ein Geburtstagsgeschenk gekauft!«* Dann ging sie ins Badezimmer, um ihre Haare zu waschen und beim Aufwickeln ihre neuen Haarnadeln zu verwenden.

Nachdem sie das Zimmer verlassen hatte, sah mein Vater mich an und sagte: »Linda, als ich hinten im Grenzgebiet aufwuchs (mein Daddy umschrieb sein Elternhaus in den Bergen von Virginia immer mit ›das Grenzgebiet‹), legten wir keinen großen Wert darauf, Erwachsenen etwas zum Geburtstag zu schenken. So etwas tat man nur für die Kleinen, die Küken. Und die Familie deiner Mama, die war so arm, dass sie nicht mal das tat. Aber ich sehe, wie glücklich du deine Mama heute gemacht hast, und das bringt mich dazu, diese ganze Geburtstagsfrage nochmals zu überdenken. Was ich sagen will, Linda, ist: Du hast hier, glaube ich, einen Präzedenzfall geschaffen.«

Von da an wurde meine Mutter jedes Jahr mit Geburtstagsgeschenken überhäuft: von meiner Schwester, von meinen Brüdern, von meinem Vater und von mir. Je älter wir Kinder wurden, desto mehr Geld verdienten wir natürlich und desto schönere Geschenke bekam sie. Bis ich fünfundzwanzig war, hatte ich ihr eine Stereoanlage, einen Farbfernseher und einen Mikrowellenherd geschenkt (den sie für einen Staubsauger in Zahlung gab).

Zum fünfzigsten Geburtstag meiner Mutter legten meine Brüder, meine Schwester und ich zusammen und kauften etwas Besonderes: einen mit einer Perle besetzten Ring mit einer Gruppe Diamanten rund um die Perle. Und als mein ältester Bruder ihr diesen Ring auf der Party überreichte, die ihr zu Ehren gegeben wurde, öffnete sie das Etui und betrachtete den Ring. Dann lächelte sie und drehte das Etui so herum, dass alle Gäste ihr ganz besonderes Geschenk sehen konnten, und sie sagte: »Habe ich nicht wundervolle Kinder?« Dann ließ sie den Ring im Raum herumgehen, und der kollektive Seufzer, der den Raum durchwehte, als der Ring von Hand zu Hand weitergereicht wurde, verursachte eine prickelnde Stimmung.

Nachdem die Gäste fort waren, blieb ich noch da, um beim Aufräumen zu helfen. Ich spülte gerade das Geschirr in der Küche, als ich zufällig eine Unterhaltung zwischen meiner Mutter und meinem Vater im Zimmer nebenan mit anhörte. »Na, Pauline«, sagte mein Vater, »das ist ein wunderschöner Ring, den du da bekommen hast. Ich meine, das ist so ziemlich das wertvollste Geburtstagsgeschenk, das du je hattest.«

Meine Augen füllten sich mit Tränen, als ich sie antworten hörte. »Ted«, sagte sie leise, »das ist ein wunderschöner Ring, das steht fest. Aber das wertvollste Geburtstagsgeschenk, das ich jemals bekommen habe? Also, das war eine Packung Haarnadeln.«

LINDA GOODMAN

Thelma

Der größte Segen für die Menschheit
ist der Humor. Mark Twain

Auch mit fünfundsiebzig war Thelma noch munter und voller Leben. Als ihr Mann starb, schlugen ihre Kinder vor, sie solle in eine Seniorenwohnanlage ziehen. Weil sie ein geselliger und lebenslustiger Mensch war, beschloss sie, das zu tun.

Kurz nachdem sie eingezogen war, wurde sie zum selbst ernannten Aktivitätenchef – sie koordinierte alle möglichen Dinge, die die Bewohner der Anlage tun konnten, wurde schnell sehr populär und gewann viele Freunde.

Als Thelma achtzig wurde, zeigten ihre neuen Freunde, wie sehr sie sie mochten, indem sie eine Überraschungsparty für sie gaben. Als Thelma an diesem Abend den Speisesaal betrat, wurde sie mit stehenden Ovationen begrüßt, und einer der Organisatoren führte sie zum Kopfende des Tisches. Es wurde viel gelacht, und es fehlte nicht an Unterhaltung, aber die ganze Zeit über konnte Thelma die Augen nicht von einem Mann wenden, der am anderen Ende des Tisches saß.

Als das Fest zu Ende ging, stand Thelma schnell von ihrem Platz auf und beeilte sich, zu dem Mann zu kommen. »Entschuldigen Sie«, sagte sie. »Bitte verzeihen Sie, wenn ich Sie verlegen gemacht habe, weil ich Sie den ganzen

Abend angestarrt habe. Ich konnte einfach nicht anders, als in Ihre Richtung zu sehen. Wissen Sie, Sie sehen genauso aus wie mein fünfter Mann.«

»Ihr fünfter Mann!«, erwiderte der Herr. »Verzeihen Sie die Frage, aber wie oft waren Sie verheiratet?«

Ein Lächeln huschte über Thelmas Gesicht, als sie antwortete: »Viermal.«

Kurz darauf feierten die beiden Hochzeit.

Shari Smith

Ein Engel an der Tür

> Ich finde meinen Frieden erst dann, wenn ich nicht verurteile, sondern vergebe.
> GERALD JAMPOLSKY

Als Ben an jenem Morgen die Milch zum Haus meiner Kusine brachte, wirkte er nicht so sonnig wie sonst. Der schlanke Mann – er mochte so um die vierzig sein – war nicht zum Plaudern aufgelegt.

Es war Ende November 1962, und ich war gerade mit meiner Familie nach Lawndale, Kalifornien, übergesiedelt. Ich freute mich, dass hier immer noch der Milchmann seine Milchflaschen vor die Tür stellte. In den Wochen, in denen wir bei meiner Kusine wohnten und intensiv ein Haus für uns suchten, war mir Bens joviale Schlagfertigkeit sehr ans Herz gewachsen.

Heute jedoch war er ganz offensichtlich äußerst schlechter Laune, als er die Waren aus seinem Handwagen lud. Nach geduldigem Fragen bekam ich den Grund seiner Verstimmung aus ihm heraus.

Mit einiger Entrüstung erzählte er mir, dass zwei seiner Kunden die Stadt verlassen hätten, ohne ihre Schulden zu bezahlen, und dass er jetzt dafür aufkommen müsse. Eine Frau schuldete ihm nur zehn Dollar, aber eine andere war mit neunundsiebzig Dollar im Rückstand und hatte nicht einmal ihre neue Adresse hinterlassen. Ben ärgerte sich über seine eigene Dummheit, einen so großen Schuldbetrag zugelassen zu haben.

»Sie war eine hübsche Frau«, sagte er, »mit sechs Kindern, und ein siebtes war unterwegs. Sie sagte immer: ›Ich werde Ihnen das Geld bald geben, wenn mein Mann einen neuen Job hat.‹ Ich habe ihr vertraut. Was für ein Dummkopf ich war! Ich dachte, ich tue ihr etwas Gutes, aber nun habe ich meine Lektion erhalten. Sie hat mich angelogen.«

Alles, was ich sagen konnte, war: »Es tut mir wirklich Leid für Sie.«

Als ich ihm das nächste Mal begegnete, war seine Wut noch schlimmer geworden. Zornig schimpfte er über die verfluchten kleinen Bälger, die seine ganze Milch in sich hineingeschüttet hätten. Die liebenswerte Familie hatte sich in eine Brutstätte dreister Gören verwandelt.

Ich sagte ihm erneut, wie Leid mir das Ganze tue und ließ die Sache damit auf sich beruhen. Aber als Ben weg war, merkte ich, dass sein Problem in mir zu arbeiten begonnen hatte und ich ihm gerne helfen würde. Ehrlich gesagt befürchtete ich, dass sein offenes Gemüt durch diesen Vorfall Schaden nehmen könnte, und so brütete ich darüber, was jetzt am besten zu tun sei. Ich erinnerte mich daran, dass Weihnachten vor der Tür stand, und dachte an meine Großmutter, die zu sagen pflegte: »Wenn jemand dir etwas weggenommen hat, gib es ihm von dir aus, dann kannst du niemals bestohlen werden.«

Als Ben das nächste Mal die Milch ausfuhr, erzählte ich

ihm, dass ich eine Idee habe, wie er sich wegen der neunundsiebzig Dollar besser fühlen könnte.

»Ich glaube nicht, dass ich das tun werde«, sagte er, »aber schießen Sie los!«

»*Schenken* Sie der Frau die Milch. Machen Sie daraus ein Weihnachtsgeschenk für die Kinder.«

»Machen Sie Witze?«, antwortete er. »Nicht einmal meine Frau erhält von mir ein so teures Weihnachtsgeschenk.«

»In der Bibel steht: ›Ich war ein Fremder, und du ließest mich in dein Haus.‹ Sie haben sie hereingelassen mit all ihren kleinen Kindern.«

»Nein, sie hat *mich* ins Haus geholt. Sie haben gut reden, es sind ja nicht *Ihre* neunundsiebzig Dollar.«

Ich argumentierte an dieser Stelle nicht weiter, hielt meinen Vorschlag aber weiterhin für keine schlechte Idee.

Oft witzelten wir darüber, wenn er kam.

»Haben Sie ihr die Milch schon geschenkt?«, fragte ich dann.

»Nein«, gab er zurück, »aber ich denke ernsthaft daran, meiner Frau ein Geschenk für neunundsiebzig Dollar zu machen, wenn nicht zwischenzeitlich eine andere hübsche Mutter auftaucht und mir den Kopf verdreht.«

Jedes Mal, wenn ich wieder mit der Frage kam, schien seine Laune ein bisschen besser zu werden.

Dann – sechs Tage vor Weihnachten – geschah es. Er kam auf mich zu mit einem breiten Lächeln und einem Glitzern in den Augen.

»Ich habe es getan! Ich habe ihr die Milch zu Weihnachten geschenkt. Es war nicht leicht, aber was habe ich schon zu verlieren? Die Milch ist sowieso weg, stimmt's?«

»Ja«, sagte ich überschwänglich und freute mich mit ihm, »aber Sie müssen es auch wirklich vom Herzen her wollen.«

»Ich weiß«, sagte er. »Das tue ich. Und ich fühle mich wirklich besser. Ich freue mich schon richtig auf Weihnachten. Die Kinder hatten eine Menge Milch auf ihren Haferflocken, nur wegen mir.«

Die Weihnachtsferien kamen und gingen. Zwei Wochen später, an einem sonnigen Januarmorgen, kam mir Ben auf dem Bürgersteig entgegengerannt.

»Raten Sie mal, was passiert ist«, rief er grinsend.

Er erzählte, dass er einen Kollegen vertreten habe und eine andere Tour gefahren sei. Auf einmal hörte er, wie sein Name gerufen wurde. Er schaute sich um und sah eine Frau die Straße entlanglaufen und mit Geldscheinen winken. Er erkannte sie sofort – die hübsche Frau mit den vielen Kindern, die ihm noch Geld schuldete. In einer Wolldecke trug sie ein Neugeborenes.

»Ben, warten Sie einen Moment«, rief sie. »Ich habe Geld für Sie.«

Ben hielt den Wagen an und stieg aus.

»Es tut mir so Leid«, sagte sie, »aber ich wollte Sie wirklich bezahlen.«

Sie erzählte, dass sie in eine neue, billigere Wohnung umgezogen seien und ihr Mann gleichzeitig eine Nachtarbeit angenommen habe. In dem ganzen Durcheinander habe sie vergessen, ihm ihre neue Adresse zu hinterlassen.

»Aber ich habe gespart«, sagte sie. »Hier sind schon mal zwanzig Dollar Anzahlung.«

»Schon in Ordnung«, antwortete Ben. »Ihre Schulden sind bereits bezahlt.«

»Bezahlt?«, rief sie erstaunt aus. »Was meinen Sie damit? Wer hat sie bezahlt?«

»Ich habe sie bezahlt.«

Sie schaute ihn an, als sei er der Erzengel Gabriel persönlich und fing an zu weinen.

»Nun«, fragte ich, nachdem Ben seine Geschichte so weit erzählt hatte, »wie ging es weiter?«

»Ich wusste nicht, was ich tun sollte, und so habe ich meinen Arm um sie gelegt. Bevor ich wusste, was eigentlich geschah, musste auch ich schluchzen, und ich hatte nicht die blasseste Ahnung, warum ich überhaupt weinte. Dann kamen mir all die Kinder mit meiner Milch auf ihren Haferflocken in den Sinn, und wissen Sie was? Ich war richtig froh, dass Sie mir die ganze Sache eingeredet hatten.«

»Haben Sie die zwanzig Dollar nicht genommen?«

»Natürlich nicht«, erwiderte er entrüstet. »Ich habe ihr die Milch schließlich zu Weihnachten geschenkt.«

Shirley Bachelder

Bring mir keine Blumen mehr

> Schmerz und Leid sind unvermeidlich, ob Sie sich hängen lassen, ist Ihre Entscheidung.
> ART CLANIN

Der ältere Verwalter eines stillen, einsamen Friedhofs erhielt jeden Monat einen Scheck von einer Frau, die als Pflegebedürftige im Krankenhaus der nahe gelegenen Stadt lebte. Mit dem Geld sollten frische Blumen für das Grab ihres Sohnes gekauft werden, der vor ein paar Jahren bei einem Autounfall ums Leben gekommen war.

Eines Tages fuhr ein Auto auf den Friedhof und hielt vor dem efeubewachsenen Bürogebäude des Verwalters an. Der Fahrer war ein Mann. Auf dem Rücksitz saß, bleich wie der Tod und mit halb geschlossenen Augen, eine ältere Frau.

»Die Dame ist zu krank zum Gehen«, verkündete der Fahrer dem Verwalter. »Wären Sie so freundlich, mit uns zum Grab ihres Sohnes zu kommen – sie möchte Sie um einen Gefallen bitten. Wissen Sie, sie wird wohl bald sterben, und sie hat mich als alten Freund der Familie gebeten, sie hierher zu bringen, damit sie einen letzten Blick auf das Grab ihres Sohnes werfen kann.«

»Ist das Mrs. Wilson?«, fragte der Verwalter.

Der Mann nickte.

»Ja, ich weiß, wer sie ist. Sie ist die Frau, die mir jeden

Monat einen Scheck schickt, damit ich Blumen auf das Grab ihres Sohnes stelle.« Der Verwalter folgte dem Mann zum Auto und stieg neben der Frau ein. Sie war gebrechlich und offensichtlich dem Tod nahe. Aber der Verwalter bemerkte, dass noch etwas anderes aus ihrem Gesicht sprach – die dunklen, gramverhangenen Augen verbargen irgendeine tiefe, seit langem bestehende Verletzung.

»Ich bin Mrs. Wilson«, flüsterte sie. »In den letzten zwei Jahren habe ich jeden Monat ...«

»Ja, ich weiß. Ich habe es erledigt, genau so wie Sie wollten.«

»Ich bin heute hergekommen«, fuhr sie fort, »weil die Ärzte mir sagen, dass mir nur noch ein paar Wochen bleiben. Es tut mir nicht Leid zu gehen. Es gibt nichts mehr, für das ich leben könnte. Aber bevor ich sterbe, wollte ich herkommen, um einen letzten Blick auf das Grab meines Sohnes zu werfen und mit Ihnen Vorkehrungen zu treffen, damit dort weiter Blumen hingestellt werden.«

Sie schien erschöpft zu sein – das Sprechen strengte sie an und zehrte an ihrer Kraft. Der Wagen fuhr den engen, kiesbestreuten Weg zum Grab hinunter. Als sie es erreichten, erhob die Frau sich mit offenbar großer Anstrengung ein wenig von ihrem Sitz und sah aus dem Fenster auf den Grabstein ihres Sohnes. Kein Laut war in den folgenden Augenblicken zu hören – nur die Vögel zwitscherten in den hohen alten Bäumen, die sich hier und da zwischen den Gräbern erhoben.

Schließlich sagte der Verwalter: »Wissen Sie, Madam, es hat mir immer Leid getan, dass Sie das Geld für die Blumen geschickt haben.«

Die Frau schien ihn zuerst nicht zu hören. Dann drehte sie sich langsam zu ihm um. »Leid?«, wisperte sie. »Ist Ihnen wirklich klar, was Sie da sagen – mein Sohn ...«

»Ja, ich weiß«, erwiderte er freundlich. »Aber, na ja, wie soll ich sagen, ich gehöre zu einer Kirchengruppe, die jede Woche Krankenhäuser, Heime und Gefängnisse besucht. Da sind lebende Menschen, die ein bisschen Aufmunterung brauchen könnten, und die meisten von ihnen lieben Blumen – sie können sie sehen und ihren Duft riechen. In diesem Grab«, sagte er, »dort drüben, da lebt keiner, niemand sieht, wie schön die Blumen sind, niemand genießt ihren Duft ...« Er sah weg, und seine Stimme verlor sich.

Die Frau antwortete nicht, sondern starrte weiter auf das Grab ihres Sohnes. Nach einer Zeit, die wie Stunden erschien, hob sie die Hand, und der Mann fuhr sie zurück zum Gebäude des Verwalters. Er stieg aus, und ohne ein weiteres Wort fuhren sie davon. Ich habe ihr wehgetan, dachte er. Ich hätte das nicht sagen sollen.

Ein paar Monate später jedoch staunte er nicht schlecht: Die Frau besuchte ihn noch einmal! Diesmal ohne Fahrer. Sie saß selbst am Steuer! Der Verwalter traute seinen Augen nicht.

»Sie hatten Recht mit den Blumen«, erzählte sie ihm. »Deshalb habe ich keine Schecks mehr geschickt. Als ich wieder im Krankenhaus war, gingen mir Ihre Worte nicht mehr aus dem Sinn. Also habe ich angefangen, Blumen für die Leute im Krankenhaus zu kaufen, die keine hatten. Ich war so selig, wenn ich sah, wie sehr sie sich darüber freuten – Blumen von einer völlig Fremden. Es machte sie glücklich, aber nicht nur das, es machte auch mich glücklich.

Die Ärzte wissen nicht«, fuhr sie fort, »weshalb es mir plötzlich so gut geht, aber ich schon!«

BITS & PIECES

Zehn Cent

Ich bin nur einer, aber immerhin bin ich einer. Ich kann nicht alles, aber das eine oder andere kann ich schon. Und nur weil ich nicht alles kann, werde ich mich nicht davor drücken, das eine oder andere zu tun, das ich kann.

Edward Everett Hales, Motto von »Lend-a-Hand«, einem US-amerikanischen Leistungstauschring

»Fräulein, bitte!«

»Hallo! Kellnerin! Könnten Sie bitte mal nachfragen, wo meine Bestellung bleibt?«

»Könnten Sie mir noch etwas Milch für das Baby bringen?«

Ich seufzte und strich mir das Haar aus den Augen. Es war ein grauer Februartag, und in dem Restaurant, in dem ich arbeitete, herrschte Hochbetrieb. Es war gerade Mittagszeit, und die Leute drängten herein, um dem Schneeregen zu entgehen. In der Hoffnung, doch noch einen Tisch zu ergattern, blockierten sie sogar die Gänge. Ich war schon völlig erledigt, hatte fürchterliche Kopfschmerzen, und das, obwohl es gerade mal halb eins war. Wie sollte ich bloß den Tag überstehen?

Als ich den Job gefunden hatte, war ich absolut dankbar gewesen. Nach einer Trennung stand ich plötzlich als allein erziehende Mutter mit zwei kleinen Kindern da. Mit erzieherischen Fähigkeiten war ich auch nicht gerade gesegnet.

Und so kam es mir wie ein Geschenk Gottes vor, in das Team eines überdurchschnittlich guten Restaurants unweit einer renommierten Klinik aufgenommen zu werden.

Dass man mir als der »Neuen« den Service an der ungünstigsten Stelle im Haus übertrug, erschien mir normal. Ich war für einen kleinen Raum im rückwärtigen Teil des Lokals zuständig, der nicht nur weit vom Haupteingang, sondern auch von der Küche entfernt lag. Bis die Leute ihr Essen bekamen, dauerte es hier zwangsläufig länger als im vorderen Restaurantbereich. Ich hatte zwei große Tische und mehrere kleine entlang der Fensterfront zu bedienen. Bei den Gästen, die hierher verbannt wurden, handelte es sich in der Regel um allein stehende Frauen oder große Familien mit Kindern, die man als laut und fordernd eingestuft hatte.

Seit fast zwei Jahren arbeitete ich in dem Lokal, und nach mir waren mehrere neue Bedienungen eingestellt worden. Ich aber war immer noch nicht aus dem Hinterzimmer herausgekommen. Meistens machte mir das nichts aus. Von »meinen Fenstern« aus schaute man auf eine Schlucht, die zu beiden Seiten von dichtem Wald umsäumt war und durch deren Mitte sich ein Bach schlängelte. Ein überraschend schöner Blick, den man angesichts unserer Lage mitten in der Stadt kaum erwartet hätte. Wenn nichts zu tun war und ich einen Moment lang Ruhe hatte, genoss ich das Panorama.

An jenem Tag aber hätte ich mir gewünscht, in einem der vorderen Räume zu arbeiten. Obwohl ich mich bemühte, mit den Bestellungen Schritt zu halten, spürte ich, wie ich immer mehr an Boden verlor. Angesichts des Gedränges, das zwischen meinen Tischen und der Küche herrschte, war der Weg wie ein Hürdenlauf. Erschwert wurde die Sache noch dadurch, dass an den beiden großen Tischen unendlich viele zusätzliche Stühle standen. Und zu allem Übel blockierte mir auch noch der eine oder andere Kinderstuhl den Weg.

Ich blieb einen Moment stehen, um mir einen Überblick zu verschaffen, was momentan das Dringendste von all den vielen anstehenden Dingen war, die es zu tun gab.

In diesem Augenblick sah ich sie. Sie saß am hintersten Tisch, und ihr Blickfeld war durch die unappetitlichen Essensreste getrübt, die der Gast vor ihr zurückgelassen hatte. Sie musste etwa siebzig Jahre alt sein, hatte weißes Haar, ein runzeliges Gesicht und Hände, die darauf schließen ließen, dass sie ein Leben lang hart gearbeitet hatte. Auf dem Kopf trug sie einen altmodischen blauen Strohhut, und unter dem schäbigen braunen Mantel schaute ein baumwollenes Hauskleid hervor, das angesichts der Jahreszeit völlig unpassend erschien. Wie sie so dasaß, wirkte sie unendlich niedergeschlagen und traurig.

Ich eilte an ihren Tisch, und während ich das Geschirr abservierte, schimpfte ich auf die Empfangsdame, weil sie mir den neuen Gast nicht gemeldet hatte, und auf den Hilfskellner, weil er nicht abgeräumt hatte. »Er kriegt heute Abend keinen Nachtisch, weil er nicht ordentlich gearbeitet hat!«, schloss ich meinen Monolog.

Sie verzog freundlich den Mund, um mir zu signalisieren, dass ihr die Ironie in meinen Worten nicht entgangen war, aber das Lächeln erreichte ihre Augen nicht.

»Ist schon in Ordnung«, erwiderte sie. »Ich lebe auf einer Farm, und wenn ich hier zum Fenster hinausschaue, habe ich fast das Gefühl, zu Hause zu sein.«

»Ich würde auch gern irgendwo wohnen, wo es so schön ist«, sinnierte ich, aber sie war offenbar nicht an weiterer Konversation interessiert.

Sie bestellte nichts als eine Tasse Tee. Ich achtete darauf, dass er auch heiß war, und sagte ihr, ich würde mich freuen, wenn sie ein andermal wiederkäme, wenn nicht so viel los sei. Dann holten mich die Stimmen der anderen Gäste wieder ein.

»Bedienung! Wo bleibt mein Kaffee?«

»Hören Sie! Wir haben schon vor zwanzig Minuten bestellt!«

Und schon lief ich wieder im Hamsterrad; nur hinkte ich jetzt noch ein Stück weiter hinter meinem Zeitplan her. Als ich das nächste Mal zu dem Tisch hinüberschaute, war die alte Frau gegangen. Der Gedanke ließ mich nicht los, was sie wohl so furchtbar traurig gemacht haben könnte.

Nur ein paar Augenblicke später hörte ich, wie jemand meinen Namen rief. Ich schaute auf und sah, wie sie sich durch die Menge zu mir durchkämpfte.

»Ich habe da noch etwas für Sie.« Sie streckte mir die Hand entgegen. Ich stellte die Teller auf einen Tisch, und nachdem ich mir die Finger abgewischt hatte, drückte sie mir ein Zehncentstück in die Hand. Sie hatte keine Ahnung, dass sich meine Kolleginnen immer über die Leute lustig machten, die ihnen ein paar lumpige Münzen als Trinkgeld auf dem Tisch zurückließen. Aber allein bei dem Gedanken, dass sie ungeachtet des Gedränges extra noch einmal zurückgekommen war, um mir Geld zu geben, das sie wahrscheinlich gar nicht erübrigen konnte, musste ich lächeln. »Das wäre aber nicht nötig gewesen.«

Sie aber schüttelte den Kopf. »Ich weiß, es ist nicht viel. Aber Sie waren so nett zu mir. Sie sollen einfach wissen, dass ich das zu schätzen weiß.«

Irgendwie schien mein einfaches »Danke« nicht genug zu sein, und so fügte ich hinzu: »Gott segne Sie.«

Ihre Reaktion kam völlig unerwartet. Sie griff nach meiner Hand und fing an zu weinen. »Dank sei Gott im Himmel«, schluchzte sie. »Er wusste, wie dringend ich gerade jetzt eine andere christliche Seele in meiner Nähe brauche.«

Ich ließ das Geschirr stehen, wo ich es hingestellt hatte, führte sie zu einem Stuhl und sagte: »Erzählen Sie mir, was los ist. Kann ich Ihnen irgendwie helfen?«

Sie schüttelte den Kopf, und in aller Eile berichtete sie mir: »Es gibt nichts, was man tun könnte. Ich bin mit meinem Mann in die Stadt gekommen, weil er operiert werden sollte. Zuerst hieß es, er habe sich einen Bruch gehoben. Jetzt aber hat sich herausgestellt, dass es Krebs ist. Ich weiß nicht, ob er den Eingriff überleben wird. Er ist zweiundsiebzig, und wir sind seit über fünfzig Jahren verheiratet. Ich kenne keine Menschenseele hier, und die Stadt wirkt so kalt und unfreundlich auf mich. Ich habe versucht zu beten, aber irgendwie hatte ich das Gefühl, Gott nicht wirklich erreichen zu können.«

Sie hörte auf zu weinen. »Ich wäre fast nicht hier hereingekommen, weil es so teuer aussah. Aber ich musste einfach für eine Weile aus dem Krankenhaus heraus. Wie ich so dasaß und aus dem Fenster schaute, habe ich noch einmal versucht zu beten. Ich bat Jesus, mir eine christliche Seele zu schicken, die mir zeigt, dass ich nicht ganz allein bin, und er hat mich erhört.«

Ich hielt immer noch ihre Hand. »Sagen Sie mir, wie Ihr Mann heißt. Dann werde ich Sie beide eine Woche lang jeden Tag in meine Gebete einschließen.«

Sie nickte lächelnd: »Ja, wenn Sie das tun würden … Er heißt Henry.«

Mit diesen Worten stand sie auf und verließ das Lokal. Ich ging mit gestärkten Kräften wieder an meine Arbeit zurück. Irgendwie war ich überhaupt nicht mehr müde. Und aus unerfindlichen Gründen beschwerte sich kein einziger Gast über die Verzögerung. Ich wusste, dass Gott uns zusammengeführt hatte, um uns gegenseitig Kraft zu geben. Nur zu gern war ich bereit, für sie zu beten. Hoffentlich wusste sie, dass sie mir sehr viel mehr als das Zehncentstück gegeben hatte.

Auf einmal wurde mir bewusst, was für ein schöner Tag es war!

Jeanne Morris

Abdruckgenehmigungen

Ein Kind ist geboren. Wiederabdruck mit Genehmigung von Reverend Michael Lindvall. © 1997 Reverend Michael Lindvall.

Nicht auf der Speisekarte. Nachdruck mit Genehmigung von Barbara Glanz. © 1996 Barbara Glanz.

Das Medikament. Abdruck mit Genehmigung von Jeanne Morris. © 1996 Jeanne Morris.

Doktola. Nachdruck mit Genehmigung von Dr. med. vet. Herbert J. Rebhan. © 1997 Dr. med. vet. Herbert J. Rebhan.

Der blinde junge Mann. Nachdruck mit Genehmigung von Helice Bridges. © 1996 Helice Bridges.

Rote Götterspeise in der Morgendämmerung. Genehmigter Nachdruck aus der Zeitschrift *Guideposts.* © 1996 *Guideposts,* Carmel, NY 10512.

Hauptwörter und Umstandswörter. Nachdruck mit Genehmigung von New Leaf Press. © 1996 New Leaf Press.

Zartes Lila oder weiches Rot? Abdruck mit Genehmigung von T. Suzanne Eller. © 1998 T. Suzanne Eller.

Alles innerhalb eines Tages. Nachdruck mit Genehmigung von Naomi Rhode. © 1996 Naomi Rhode.

Der Wind unter ihren Flügeln. Abdruck mit Genehmigung von Jean Harper. © 1996 Jean Harper.

Die innere Einstellung ist alles. Nachdruck mit Genehmigung von Francie Baltazar-Schwartz. © 1996 Francie Baltazar-Schwartz.

Geschenke des Herzens. Abdruck mit Genehmigung von Sheryl Nicholson. © Sheryl Nicholson.

Eine Mutter kämpft um ihr Kind. Wiederabdruck mit Genehmigung von Tom Mulligan. © 1997 Tom Mulligan.

Der beste Lehrer meines Lebens. Nachdruck mit Genehmigung von Dauna Easley. © 1996 Dauna Easley.

Ein Zeichen seiner Liebe. Abdruck mit Genehmigung von Patricia Forbes. © 1998 Patricia Forbes.

Dem anderen Mut machen. Nachdruck mit Genehmigung von Roxanne Willems Snopek Raht. © 1997 Roxanne Willems Snopek Raht.

Let It Be. Abdruck mit Genehmigung von K. Lynn Towse und Mary L. Towse. © 1996 K. Lynn Towse und Mary L. Towse.

Die Stimme eines Bruders. Nachdruck mit Genehmigung von James Malinchak. © 1996 James Malinchak.

Eine Überraschung für Mutter. Wiederabdruck mit Genehmigung von Sarah A. Rivers. © 1997 Sarah A. Rivers.

In seinem Herzen eingraviert. Abdruck mit Genehmigung von Elizabeth Songster. © 1998 Elizabeth Songster.

Ein Fund zur rechten Zeit. Nachdruck mit Genehmigung von Judy Walker. © 1996 Judy Walker.

Der Junge, der mit Delfinen redete. Nachdruck mit Genehmigung von Paula McDonald und Reader's Digest (April 1996).

Die unverschlossene Tür. Wiederabdruck mit Genehmigung von New Leaf Press. Entnommen aus *Moments for Mothers* von Robert Strand. © 1997 New Leaf Press.

Die Lust zu rennen. Nachdruck mit Genehmigung von W. W. Meade. © 1997 W. W. Meade. Eine Version dieser Geschichte erschien bereits in *Reader's Digest.*

Omas Garten. Wiederabdruck mit Genehmigung von Lynnette Curtis. © 1997 Lynnette Curtis.

Die Sprache der Pferde. Nachdruck mit Genehmigung von Monty Roberts. © 1997 Monty Roberts.

Die besten Freunde. Abdruck mit Genehmigung von Mary Beth Olson. © 1998 Mary Beth Olson.

Unserer Kontrolle entzogen. Wiederabdruck mit Genehmigung von Colleen Derrick Horning. © 1997 Colleen Derrick Horning.

Lass dich zuerst auf andere ein. Nachdruck mit Genehmigung von Kent Nerburn. © 1995 Kent Nerburn.

Das kleine Mädchen, das sich zu wünschen traute. Abdruck mit Genehmigung von Alan D. Shultz. © 1998 Alan D. Shultz.

Großvaters Bienen. Abdruck mit Genehmigung von Barbara Allman. © 1998 Barbara Allman.

Eine Glaubensprüfung. Abdruck mit Genehmigung von Bryan Smith. © 1998 Bryan Smith.

Was ich habe. Nachdruck mit Genehmigung von Bonnie Shepherd. © 1996 Bonnie Shepherd.

Die Haarnadeln. Wiederabdruck mit Genehmigung von Linda Goodman. © 1997 Linda Goodman.

Thelma. Nachdruck mit Genehmigung von Shari Smith. © 1996 Shari Smith.

Ein Engel an der Tür. Nachdruck mit Genehmigung von Shirley Lord Bachelder. © 1992 Shirley Lord Bachelder. Erschienen in *Reader's Digest* (Dezember 1992).

Bring mir keine Blumen mehr. Nachdruck mit Genehmigung von The Economics Press. Entnommen aus *Bits & Pieces.* © 1996 The Economics Press.

Zehn Cent. Abdruck mit Genehmigung von Jeanne Morris. © 1997 Jeanne Morris.

Register

Die vollständigen Ausgaben sind unter den folgenden Titeln in der Verlagsgruppe Random House GmbH erschienen:

»Mehr Hühnersuppe für die Seele in Arbeit und Beruf« (21639)
»Hühnersuppe für die Seele für Frauen« (21546)
»Hühnersuppe für die Seele für Christen« (21649)
»Hühnersuppe für die Seele für Jugendliche« (21590)
»Hühnersuppe für die Seele für Mütter« (21564)
»Hühnersuppe für die Seele – Weitere Geschichten, die zu Herzen gehen« (21638)
»Hühnersuppe für die Seele für Tierfreunde« (21563)
»Hühnersuppe für die Seele für Kinder« (21589)
»Hühnersuppe für die Seele für Partner« (21565)